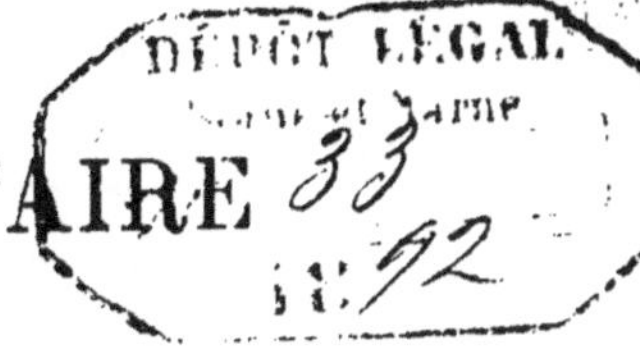

MÉTHODE ÉLÉMENTAIRE

DE

COUPE ET D'ASSEMBLAGE

POUR ROBES DE FEMMES

ET VÊTEMENTS D'ENFANTS

OUVRAGE DONT L'USAGE EST AUTORISÉ
DANS LES ÉCOLES NORMALES PRIMAIRES ET DANS LES ÉCOLES COMMUNALES

PAR

Mme G. SCHÉFER

INSPECTRICE DES ÉCOLES DE LA VILLE DE PARIS
OFFICIER DE L'INSTRUCTION PUBLIQUE

Dixième édition, revue et corrigée.

PARIS
LIBRAIRIE CH. DELAGRAVE
15, RUE SOUFFLOT, 15

1891

AVERTISSEMENT

L'art de la coupe et de l'assemblage des vêtements de femmes et d'enfants, qui n'était connu, il y a peu de temps encore, que des couturières et des tailleurs, est mis aujourd'hui à la portée de tout le monde, grâce aux principes rigoureux auxquels il a été réduit.

Cette méthode, basée sur des principes géométriques, a donné au tracé des patrons et à la coupe des vêtements des règles fixes, et en même temps assez simples pour être appliquées par les élèves. La ville de Paris l'a introduite dans ses écoles primaires, et cet enseignement a bientôt pris un tel développement qu'il ne tardera pas à figurer sur tous les programmes scolaires.

Les premières éditions ne contenaient que les robes de femmes et d'enfants. Une partie très importante y a été ajoutée; les principes de la coupe des vêtements ont été étendus à la confection des vêtements de petits garçons, de la lingerie, du trousseau et de la layette.

L'ouvrage, ainsi complété, répond donc à tous les besoins et devient non seulement utile aux jeunes filles, dont il achève l'éducation, mais nécessaire aux mères de famille qui confectionnent elles-mêmes les vêtements de leurs enfants.

Tableau du matériel nécessaire au tracé des patrons, à la coupe et à l'assemblage des vêtements.

1° **Table plate** ou 1 planche sur des tréteaux.

2° **Papier phormium**, quadrillé au centimètre ou non quadrillé, mesurant en feuille double 1 m. sur 0 m. 65. — On peut aussi se servir de papier en rouleau, sorte de papier d'emballage.

3° **Règle plate**, graduée en centimètres mesurant 0 m. 60 à 0 m. 70.

4° **Équerre**, graduée en centimètres ou non graduée.

5° **Double-décimètre.**

6° **Ruban métrique.**

7° **Crayon mine de plomb n° 2; canif, gomme.**

8° **Tableau noir et craie**, si l'on veut faire une démonstration collective.

9° **Mannequins** { 1 de femme n° 42 ou 44.
1 de fillette n° 34 ou 36.

Ces mannequins sont facultatifs; on peut les remplacer par des mesures prises sur les personnes à habiller.

10° **Ciseaux à tailler.**

11° **Aiguilles**, numéros de 6 à 8 pour les robes; de 8 à 10 pour la lingerie.

12° **Roulette à patrons, craie de tailleur.** Ces deux objets peuvent être remplacés par des épingles.

13° **Mousseline à patrons.**

14° **Planche à tailler.** La table plate peut remplacer cette planche.

15° **Boîte à couture fermant à clef**, pour serrer tous les objets de mercerie et les petits ustensiles destinés à la couture et au dessin.

16° **Ménagère.** } On peut faire soi-même ces deux objets.
17° **Pelote.** }

18° **Fil à bâtir.**

19° **Étoffe, doublure.**

20° **Objets de mercerie** : fil, soie, ruban de fil, agrafes, épingles, etc.

TABLE DES MATIÈRES

DE LA PRISE DES MESURES

Il importe, avant tout, de prendre exactement les mesures nécessaires à l'exécution du patron que l'on veut dessiner. De la précision des mesures dépendra la perfection du patron.

Pour bien prendre les mesures d'une personne, il est bon d'examiner le corsage qu'elle porte, afin d'éviter les défauts qu'il peut avoir, et que l'on reproduirait si l'on prenait les mesures à la place exacte des coutures de ce corsage.

On doit entourer la taille avec un ruban très étroit que l'on noue sur le côté, et qui indique la place exacte de la ceinture. Cette précaution est absolument nécessaire quand on prend les mesures sur une robe non ajustée. Puis, à l'aide du ruban métrique, on détermine les mesures dans l'ordre indiqué par le tableau ci-dessous, et aux points désignés dans les figures 1 et 2.

Avant de procéder au tracé d'un patron, quel qu'il soit, on fera bien d'inscrire les mesures prises, à l'un des angles du papier à dessin, afin de les avoir continuellement sous les yeux; puis on calculera d'avance et l'on inscrira les divisions des mesures qui sont nécessaires à l'exécution du tracé.

MESURES NÉCESSAIRES

AU TRACÉ D'UN CORSAGE

1° Longueur du dos P S. — De la couture d'épaule, encolure, au milieu du dos, ceinture.

2° Largeur du dos U U. — De la couture d'épaule, entournure droite, à la couture d'épaule, entournure gauche.

3° Longueur de devant P C[1]. — De la couture d'épaule, encolure, au milieu du devant, ceinture.

4° Tour de poitrine. — On passe le mètre sous les bras et on le réunit devant, sans serrer.

5° Tour de taille. — On abaisse le mètre à la taille, en serrant un peu.

6° Tour des hanches. — On mesure largement le contour des hanches en les entourant avec le ruban métrique à 18 ou 20 centimètres environ au-dessous de la taille.

7° Hauteur du dessous du bras R H[2]. — Placer le ruban métrique sous le bras au creux de l'aisselle (en faisant seulement un peu lever le bras) et le conduire à la taille.

8° Longueurs du bras :

- **1re longueur L E.** — De la couture extérieure du bras, entournure, en faisant plier le bras, on s'arrête au coude.
- **2e longueur L E H.** — On procède de même que pour la première longueur, mais on descend jusqu'au poignet.

1. Lorsque le devant est plus court que le dos, il faut faire le total des deux longueurs et en prendre la moyenne. On obtient ainsi des longueurs égales ; mais lorsque le devant est plus long que le dos, il faut lui laisser sa véritable longueur.

2. Cette 7e mesure n'est utilisée que pour le corsage à deux et à trois petits côtés. (Voir *Méthode complète*.)

OBSERVATIONS

SUR LA PRISE DES MESURES

Quelques conseils nous semblent nécessaires pour compléter ce tableau. Nous allons reprendre chaque mesure en indiquant les précautions à prendre et les défauts à éviter :

1° **Longueur du dos.** — L'encolure du dos doit être très montante. Si elle était trop échancrée, on verrait la chemisette du col, ce qui est fort laid. On placera donc le ruban métrique au-dessus de l'encolure de la robe, si celle-ci est trop décolletée. Le bas de la première mesure est juste à la taille. Le ruban avec lequel on a entouré la ceinture l'indique exactement.

2° **Largeur du dos.** — Cette mesure doit se prendre avec beaucoup de soin. Si le corsage sur lequel on la prend a les emmanchures trop tombantes, le dos est trop large, il faut le rétrécir. Lorsqu'on prend les mesures sur un mannequin, nous conseillons de prendre la largeur du dos jusqu'aux macarons qui remplacent les bras, et d'en retrancher ensuite 2 centimètres (1 cent. seulement pour un mannequin d'enfant ou pour un mannequin dont les macarons sont au niveau du dos).

3° **Longueur du devant.** — Faire partir le ruban métrique du point exact qu'il occupait lorsqu'on a pris la longueur du dos : l'arrêter à la taille.

4° **Tour de poitrine.** — Cette mesure a une grande importance avec notre méthode, puisque c'est à l'aide de ses divisions que nous trouvons un grand nombre des points de repère. Aussi conseillons-nous aux élèves de la prendre *un peu serrée* sur un mannequin; *juste*, c'est-à-dire ni serrée, ni *large*, sur une personne forte et large, sur un enfant ou une personne très mince.

5° Le **tour de taille** doit se prendre juste. Nous ajoutons qu'on peut serrer un peu, mais on doit bien se garder de serrer trop la taille, surtout aux enfants.

6° **Tour des hanches.** — On le prend très largement. Il pourrait y avoir des inconvénients à ce qu'il ne fût pas assez

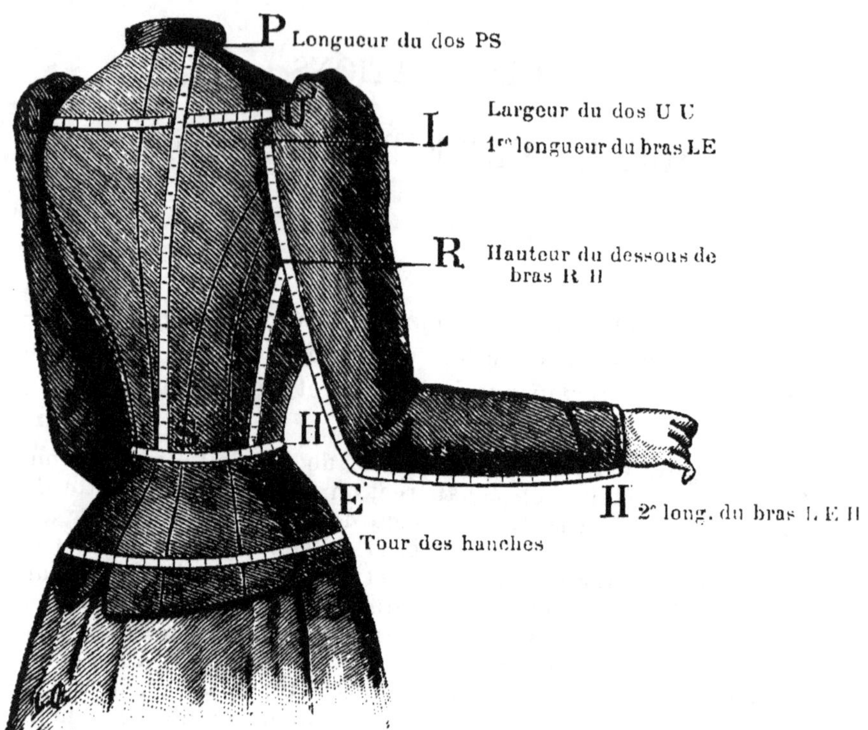

Fig. 1.

MÉTHODE A SUIVRE POUR PRENDRE DES MESURES

large, il n'y en a aucun à ce qu'il le soit trop : on en serait quitte pour reprendre un peu les coutures des basques. On doit prendre le tour des hanches à 15 ou 18 centimètres au-dessous de la taille pour les grandes personnes; à 12 ou 14 centimètres pour les enfants. Si l'on veut ensuite faire des basques plus ou moins longues, on les allonge en prolongeant les lignes ponctuées et les lignes courbes, ou on les raccourcit en coupant le patron.

7° **Hauteur du dessous de bras.** — La prise de cette mesure demande de grandes précautions; si l'on fait trop lever le bras de la personne que l'on veut habiller, le corsage se tend, et l'on ne trouve plus le point de départ du ruban métrique, qui doit être au creux de l'aisselle. Il faut encore prendre bien

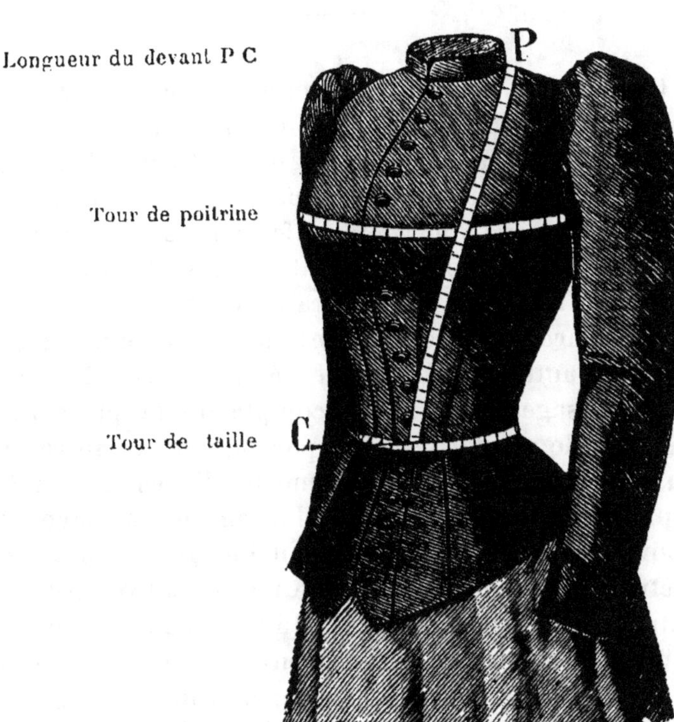

Fig. 2.

MÉTHODE A SUIVRE POUR PRENDRE DES MESURES

garde à la longueur du corsage, qui doit se terminer exactement à la ligne de taille. Avec la forme actuelle du corsage, la longueur normale du dessous de bras égale la demi-longueur du dos, de même pour le devant la demi-longueur du devant, mais cette règle n'est pas sans exceptions.

8° **Longueurs du bras A et B.** — Les deux longueurs du bras doivent partir de l'entournure. Si la manche sur laquelle on les prend n'est pas assez *épaulée*, on doit placer le ruban métrique plus haut que l'entournure.

TRACÉ DU CORSAGE ROND

Un corsage ordinaire se compose de 6 morceaux, sans compter les manches : un *dos* en deux parties, deux *petits côtés*, qui complètent le dos, et deux *devants*. Les deux moitiés du corsage étant symétriques, nous ne dessinerons que le demi-corsage, que nous enfermerons dans deux rectangles. Le premier rectangle contiendra le dos et le petit côté ; le second rectangle contiendra un devant.

La figure 3 représente ces deux rectangles rapprochés l'un de l'autre, de façon que l'élève saisisse l'ensemble du demi-corsage et se rende compte de la place qu'occupe chacune de ses parties l'une par rapport à l'autre. On verra au moyen de cette figure que les lignes E R et R E, qui représentent la plus grande largeur du corsage, donnent pour total le demi-tour de poitrine augmenté de 4 centimètres; ces 4 centimètres, une fois le patron découpé et les entre-coupes tombées, sont réduits à deux centimètres environ de développement nécessaires au jeu de la respiration.

On pourra remarquer dans le patron ci-contre, figure 3, que la longueur du devant excède de 4 centimètres la longueur du dos, et que ces 4 centimètres sont répartis par moitié en haut et en bas du corsage, puisque la ligne du milieu est pour ainsi dire commune aux deux rectangles. Ces remarques une fois faites, nous passerons à l'exécution du premier tracé : *dos et petit côté du corsage rond.*

Nota. — *Pour abréger le tracé des patrons, nous conseillons aux élèves de remplacer les lignes ponctuées qui servent au tracé des courbes par des lignes fines, semblables aux lignes de construction, et d'accentuer les lignes qui indiquent les contours des patrons.*

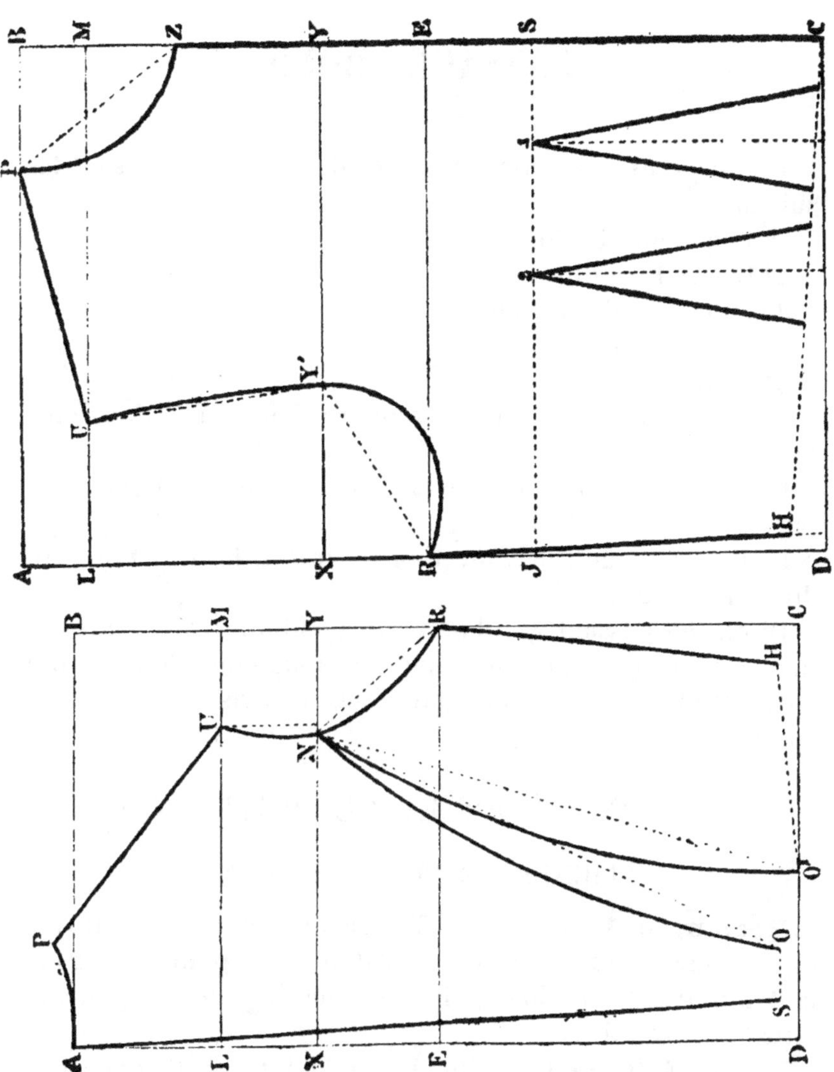

Fig. 3 (au 1/5). — Ensemble du demi-corsage rond.

Mesures prises :

1° Longueur du dos :	38	4° Tour de poitrine :	92
2° Largeur du dos :	33	5° Tour de taille :	60
3° Longueur du devant :	42		

Divisions :

1° Tour de poitrine : $\frac{92}{2} = 46$; $\frac{92}{5} = 18,4$; $\frac{92}{16} = 5,7$.

2° Tour de taille : $\frac{60}{5} = 12$.

CORSAGE ROND

Les mesures nécessaires au tracé du corsage rond sont les suivantes :

1° Longueur du dos,
2° Largeur du dos,
3° Longueur du devant,
4° Tour de poitrine,
5° Tour de taille,
6° Longueurs du bras : première longueur, deuxième longueur.

Pour l'explication de ces mesures, voir la description page 2.

Pour le corsage rond, on prendra la 1/2, le 1/5 et le 1/16 du tour de poitrine.

Disons en passant que l'on pourra indiquer aux élèves la manière très prompte de prendre le cinquième d'un nombre en multipliant ce nombre par 2 et en divisant le produit par 10.

PATRON DU DOS ET DU PETIT COTÉ

LIGNES DE CONSTRUCTION

Rectangle A B C D. — Tracer un rectangle [1] A B C D ayant pour longueur la longueur du dos et pour la largeur la demi-largeur du dos + le seizième du tour de poitrine (attribué au petit côté).

Ligne E R. — Du point A, sur la ligne A D, porter la moitié de la longueur de cette ligne et tracer la ligne E R, parallèle à A B.

Ligne L M. — Du point A, vers D, porter le seizième du tour de poitrine plus 2 centimètres, placer la lettre L.

Tracer la ligne L M, parallèle à A B.

1. Avant de tracer le rectangle, consulter la note page 2.

Ligne X Y. — Du point L, vers E, compter 5 centimètres (4 centimètres pour les mesures au-dessous de 80 centimètres de tour de poitrine) et tracer la ligne X Y, parallèle à A B.

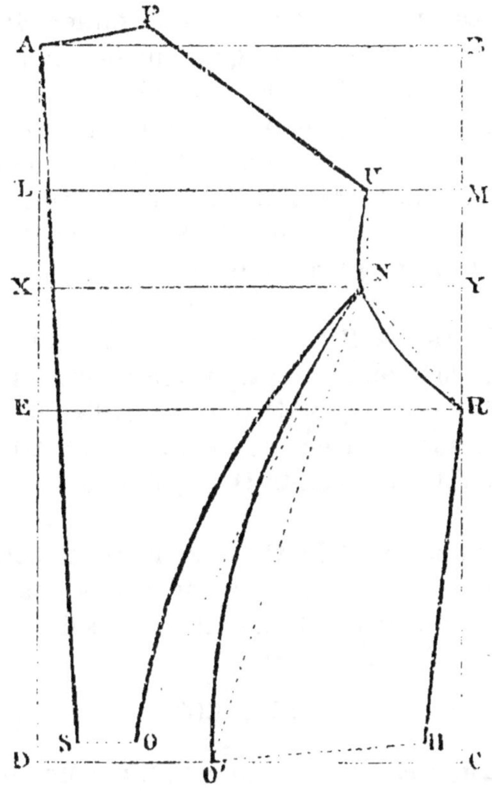

Fig. 4 (au 1/5). — Dos et petit côté du corsage rond.

CONTOURS DU TRACÉ DU DOS

Milieu du dos A S. — Du point D, vers C, avancer de 2 centimètres (1 cent. et demi au-dessous de 80 centimètres de tour de poitrine), placer un point. Élever ce point d'un centimètre (un demi-centimètre pour les mesures au-dessous de 80 centimètres de tour de poitrine), placer la lettre S. Réunir les points A, S par une oblique.

Encolure A P. — Du point A, sur la ligne A B, porter le seizième du tour de poitrine [1], placer un point; élever ce point d'un centimètre et placer la lettre P. Réunir les points A, P par une courbe légèrement concave. Cette courbe doit rester en dehors du rectangle.

Épaulette P U. — De l'oblique milieu du dos, sur la ligne L M, porter la demi-largeur du dos et placer la lettre U. Réunir les points P, U par une oblique.

Entournure U N. — Du point U, abaisser une perpendiculaire ponctuée sur la ligne X Y, placer un point. Rentrer ce point d'un demi-centimètre vers la gauche, placer la lettre N. Joindre les points U, N par une courbe écartée d'un demi-centimètre au milieu et à gauche de la ligne ponctuée.

Ligne de taille S O. — Du point S, avancer de 3 centimètres sur la droite (3 cent. et demi pour les mesures au-dessus de 65 centimètres de tour de taille, et 4 centimètres pour les mesures au-dessus de 75 centimètres). Placer la lettre O. Joindre les points O, S par une horizontale ponctuée.

Courbure du dos N O. — Joindre les points N, O par une oblique ponctuée, puis par une courbe écartée de 2 centimètres sur la gauche et au milieu de la ligne ponctuée.

PETIT COTÉ

Entournure N R. — Réunir N, R par une oblique ponctuée, puis par une courbe rentrée d'un centimètre au milieu et sur la gauche de l'oblique ponctuée.

Dessous de bras R H. — Avancer le point C de 2 centimètres (1 centimètre pour les mesures au-dessous de 80 centimètres de tour de poitrine), placer un point. Remonter ce point d'un centimètre et placer la lettre H. Réunir R, H par une oblique pleine.

1. Lorsque les mannequins ont le cou incliné en avant, porter le seizième du tour de poitrine moins un demi-centimètre.

Ligne de taille O′ H. — Du point H, vers D, porter le cinquième du tour de taille moins un centimètre, placer la lettre O′.

Courbure du petit côté N O′. — Réunir N, O′ par une oblique ponctuée, puis par une courbe s'écartant de 2 centimètres au milieu et à gauche de l'oblique ponctuée.

DEVANT DU CORSAGE ROND

LIGNES DE CONSTRUCTION

Rectangle A B C D. — Tracer un rectangle [1] A B C D ayant pour longueur la longueur du devant et pour largeur le demi-tour de poitrine + 4 centimètres, diminué de la demi-largeur du dos et du seizième du tour de poitrine [2].

Ligne R E. — Prendre le milieu de la ligne A D et tracer la ligne R E, parallèle à A B.

Ligne L M. — De A, vers D, porter le seizième du tour de poitrine moins 2 centimètres, placer la lettre L. De ce point tracer la ligne L M, parallèle à A B.

Ligne X Y. — Du point R, vers A, porter le seizième du tour du poitrine, placer la lettre X. Tracer la ligne X Y, parallèle à A B.

CONTOURS DU TRACÉ DU DEVANT

Encolure et bord du devant P Z C. — Du point B, vers A, porter le seizième du tour de poitrine plus un centimètre, placer la lettre P. Du point B, vers C, porter le seizième du tour de poitrine + 2 cent. et demi, placer la lettre Z.

Réunir les points P, Z par une oblique ponctuée, puis par une courbe s'écartant de 2 centimètres au milieu et au-dessous de l'oblique. Renfoncer la ligne Z C.

1. Avant de tracer le rectangle, consulter la note page 2.

2. Prenant pour exemple les mesures données figure 3, page 7.

Demi-tour de poitrine, 46 + 4 c. de développement. = ...	50
Demi-largeur du dos, 16,5 + le seizième du tour de poitrine, 5,7 =	22,2
Largeur du rectangle du devant................................	27,8

*.

Épaulette P U. — Mesurer sur la règle métrique la longueur de l'épaulette du dos moins un demi-centimètre, placer la division correspondante à cette mesure sur le point

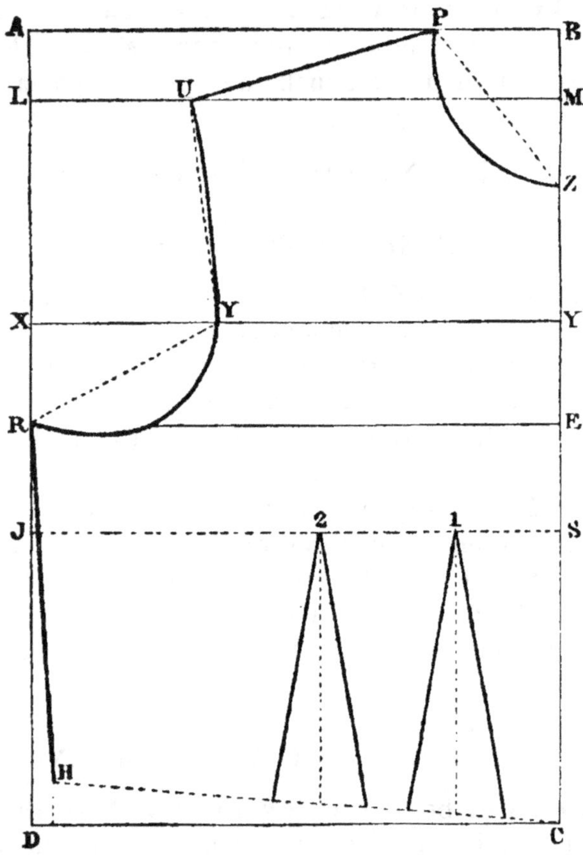

Fig. 5 (au 1/5). — Devant du corsage rond.

P. Incliner la règle métrique jusqu'à ce que la division zéro touche la ligne L M. A ce point, marquer la lettre U.

Réunir P, U par une oblique pleine.

Entournure U Y' R. — Du point Y, vers X, porter le cinquième du tour de poitrine, placer la lettre Y'. Réunir les points U, Y' par une oblique ponctuée, puis par une courbe s'écartant de 7 millimètres sur la droite et au milieu de l'oblique ponctuée.

Réunir Y', R par une oblique ponctuée, puis par une courbe s'écartant d'environ 3 centimètres au milieu et au-dessous de l'oblique ponctuée.

Dessous de bras R H. — Sur la ligne D C, en partant de D, avancer d'un centimètre, placer un point. Réunir ce point au point R par une ligne ponctuée. Mesurer sur cette ligne la longueur de la ligne R H du petit côté, marquer la lettre H. Réunir R, H par une oblique pleine.

Ligne de taille H C. — Réunir les points H, C par une oblique ponctuée.

TRACÉ D'UNE PINCE

Il est préférable de faire une seule pince aux corsages destinés aux personnes minces (dont le tour de poitrine est inférieur à 75 ou 80 centimètres).

Du point R, sur la ligne R D, compter 4 centimètres et placer la lettre J. De ce point tracer une ligne ponctuée, J S, parallèle à R E; cette ligne est destinée à fixer la hauteur de la pince.

Du point S, vers J, porter la moitié de la longueur Y Y', placer le chiffre 1 (hauteur de la pince). Du point 1 abaisser sur la ligne D C une perpendiculaire ponctuée, qui indique le milieu de la pince.

Il reste à déterminer l'étoffe que devra renfermer la pince. Pour y parvenir, il faut mesurer, sur la ligne de taille, le bas du demi-dos, le bas du petit côté, le bas du devant; additionner et comparer le résultat obtenu avec la demi-largeur de ceinture. L'excédent trouvé indique l'étoffe à renfermer dans la pince, par conséquent à distribuer par moitié de chaque côté de la ligne ponctuée (milieu de la pince). Placer deux points; réunir ces deux points par des obliques au point 1.

TRACÉ DE DEUX PINCES

Du point R, sur la ligne R D, compter le seizième du tour de poitrine, placer la lettre J.

De ce point tracer une ligne ponctuée, J S, parallèle à R E. Cette ligne est destinée à fixer la hauteur des pinces.

Du point J, vers S, porter le seizième du tour de poitrine, placer le chiffre 1, *hauteur de la 1re pince*. Pour placer la deuxième pince, il faut d'abord mesurer, sur la ligne de taille, le bas du demi-dos, le bas du petit côté et le bas du devant. Additionner et comparer le résultat obtenu avec la demi-largeur de ceinture. L'excédent trouvé indique l'étoffe à renfermer dans les deux pinces. Prendre la moitié de cet excédent, y ajouter 2 centimètres (1 cent. et demi au-dessous de 80 centimètres de tour de poitrine) et porter la longueur obtenue à gauche du chiffre 1 sur la ligne ponctuée. Placer le chiffre 2, *hauteur de la 2e pince.*

Des points 1 et 2 abaisser des perpendiculaires ponctuées sur la ligne D C. Chacune de ces perpendiculaires indique le milieu d'une pince. L'excédent, trouvé plus haut, doit être distribué, par quart, de chaque côté des deux lignes ponctuées, sur la ligne H C, *ligne de taille.* Placer quatre points; réunir les deux points du bas de la première pince au chiffre 1, réunir les deux points du bas de la seconde pince au chiffre 2 par des obliques.

CORSAGE A BASQUES

AVEC UN SEUL PETIT COTÉ

MESURES A PRENDRE

1° Longueur du dos	....	Voir page 2
2° Largeur du dos	....	—
3° Longueur du devant	....	—
4° Tour de poitrine	....	—
5° Tour de taille	....	—
6° Tour des hanches	....	—
7° Longueur du bras	1re	—
	2e	—

DIVISIONS A CALCULER

Tour de poitrine : 1/2; 1/5; 1/16.
Tour de taille : 1/5.
Demi-tour de hanches : 1/6.

DOS ET PETIT COTÉ

LIGNES DE CONSTRUCTION

Rectangle A B C′ D′. — Tracer un rectangle[1] A B C′ D′ dont la longueur soit égale à la longueur du dos + la longueur que l'on veut donner à la basque, et la largeur égale à la demi-largeur du dos + le seizième du tour de poitrine, attribué au petit côté, + 8 centimètres pour le développement de la basque. Des points A et B, vers D′ et C′, porter la longueur du dos, placer les lettres D et C. Tracer la ligne D C, parallèle à A B.

Ligne E R. — Du point A, sur la ligne A D, porter la moitié de la longueur de cette ligne et tracer la ligne E R, parallèle à A B.

Ligne L M. — Du point A, vers D, porter le seizième du tour de poitrine + 2 centimètres, placer la lettre L. De ce point tracer la ligne L M, parallèle à A B.

Ligne X Y. — Du point L, descendre de 5 centimètres sur la ligne L D (4 centimètres pour les mesures au-dessous de 80 centimètres de tour de poitrine). Tracer la ligne X Y, parallèle à A B.

CONTOURS DU TRACÉ DU DOS

Milieu du dos A S. — Du point D, vers C, avancer de 2 centimètres (1 cent. et demi pour les mesures au-dessous de 80 centimètres de tour de poitrine), placer un point, élever ce point d'un centimètre et marquer la lettre S. Réunir les points A, S par une oblique.

Encolure A P. — Du point A, vers B, porter le seizième

1. Avant de tracer le rectangle, consulter la note page 2.

du tour de poitrine, placer un point. Élever ce point d'un centimètre, placer la lettre P. Réunir les points A, P, par

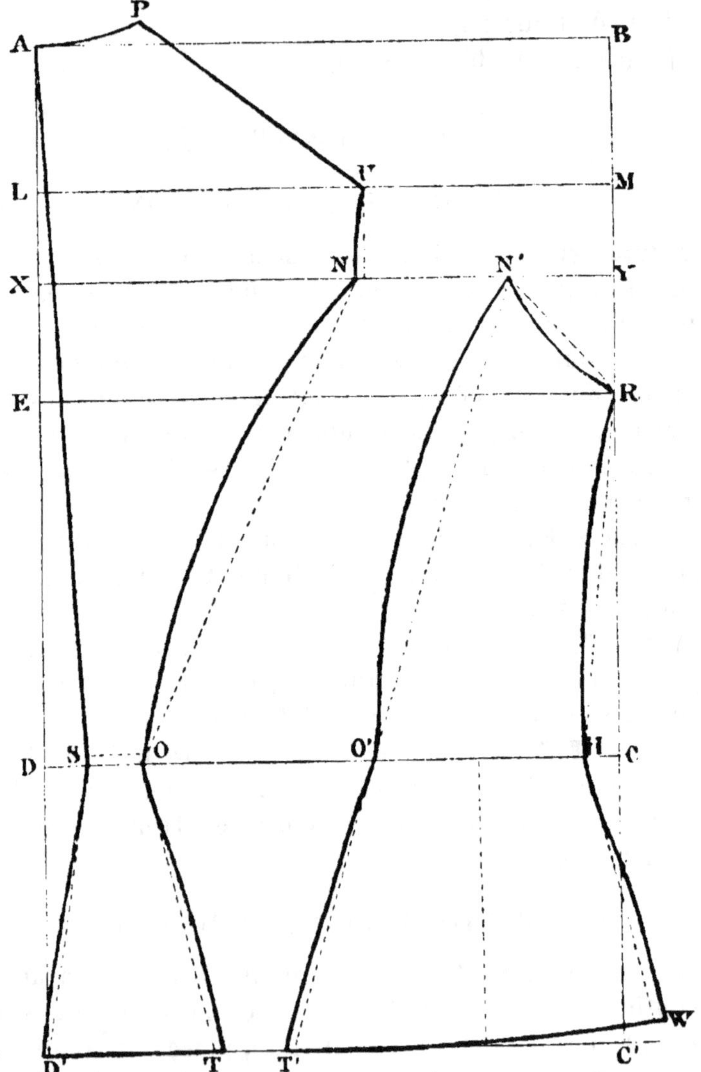

Fig. 6 (au 1/5). — Dos et petit côté du corsage à basques.

une courbe légèrement concave (cette courbe doit rester en dehors du rectangle).

Épaulette P U. — De l'oblique milieu du dos, sur la

ligne L M, porter la demi-largeur du dos, placer la lettre U. Réunir les points P, U par une oblique.

Entournure U N. — Du point U, abaisser une perpendiculaire ponctuée sur la ligne X Y. Placer un point. Rentrer ce point d'un demi-centimètre vers la gauche et placer la lettre N. Joindre les points U, N par une courbe écartée d'un demi-centimètre sur la gauche et au milieu de la ligne ponctuée.

Ligne de taille S O. — Du point S, avancer horizontalement de 3 cent. sur la droite (3 cent. et demi pour les mesures au-dessus de 65 centimètres de tour de taille et 4 cent. pour les mesures au-dessus de 75 centimètres). Placer la lettre O. Joindre les points O, S par une horizontale ponctuée.

Courbure du dos N O. — Joindre les points N, O par une oblique ponctuée, puis par une courbe écartée de 2 centimètres sur la gauche et au milieu de l'oblique ponctuée.

Basque S D′ T O. — Du point S, tracer une oblique ponctuée rejoignant le point D′. Réunir de nouveau ces deux points par une courbe s'écartant d'un demi-centimètre au milieu et à gauche de l'oblique ponctuée et à gauche du point D′. Cette courbe doit se fondre avec l'oblique milieu du dos au point S.

Du point D′, vers C′, porter le sixième du demi-tour des hanches moins un centimètre, placer la lettre T.

Joindre les points O, T par une oblique ponctuée, puis par une courbe s'écartant d'un demi-centimètre au milieu et à droite de l'oblique ponctuée et à droite du point T. Renforcer la ligne D′ T.

PETIT COTÉ

Entournure N′ R. — Compter 8 centimètres à droite du point N, placer la lettre N′. Réunir N′, R par une oblique ponctuée, puis par une courbe rentrée d'un centimètre environ au milieu et sur la gauche de l'oblique ponctuée.

Dessous de bras R H. — Avancer le point C de 2 centimètres sur la ligne C D (1 centimètre pour les mesures au-dessous de 80 centimètres de tour de poitrine), placer la lettre H. Réunir R, H par une oblique ponctuée, puis par une courbe écartée d'un demi-centimètre sur la gauche et au milieu de l'oblique ponctuée.

Ligne de taille O' H. — Du point H porter sur la gauche le cinquième du tour de taille moins un centimètre et placer la lettre O'.

Courbure du petit côté N' O'. — Joindre les points N', O', par une oblique ponctuée, puis par une courbe s'écartant de deux centimètres sur la gauche et au milieu de l'oblique ponctuée.

Basque O' T' W H. — Prendre le milieu de la ligne O' H, placer un point. De ce point abaisser une perpendiculaire ponctuée sur la ligne D' C'. Compter, à gauche de cette perpendiculaire, le sixième du demi-tour des hanches plus un centimètre, placer la lettre T'; compter, à droite de cette perpendiculaire, le sixième du demi-tour des hanches, placer un point. Élever ce point d'un centimètre, placer la lettre W. Joindre les points O', T' par une oblique ponctuée, puis par une courbe s'écartant d'un demi-centimètre au milieu et à gauche de l'oblique ponctuée, et à gauche du point T'.

Joindre les points H, W par une oblique ponctuée, puis par une courbe s'écartant d'un demi-centimètre au milieu et à droite de l'oblique ponctuée, et à droite du point W. Réunir les points T', W par une courbe légère qui doit suivre la ligne du rectangle jusqu'à la perpendiculaire ponctuée.

DEVANT DU CORSAGE A BASQUES

LIGNES DE CONSTRUCTION

Rectangle A B C' D'. — Tracer un rectangle [1] A B C' D' ayant pour longueur la longueur du devant plus la longueur que l'on veut donner à la basque, et pour largeur [2], le demi-tour de poitrine plus 4 centimètres, diminué de la demi-largeur du dos et du seizième du tour de poitrine.

1. Avant de tracer le rectangle, consulter la note page 2.
2. Voir l'exemple donné page 11, *Devant du corsage rond.*

Du point A vers D′, porter la longueur du devant,

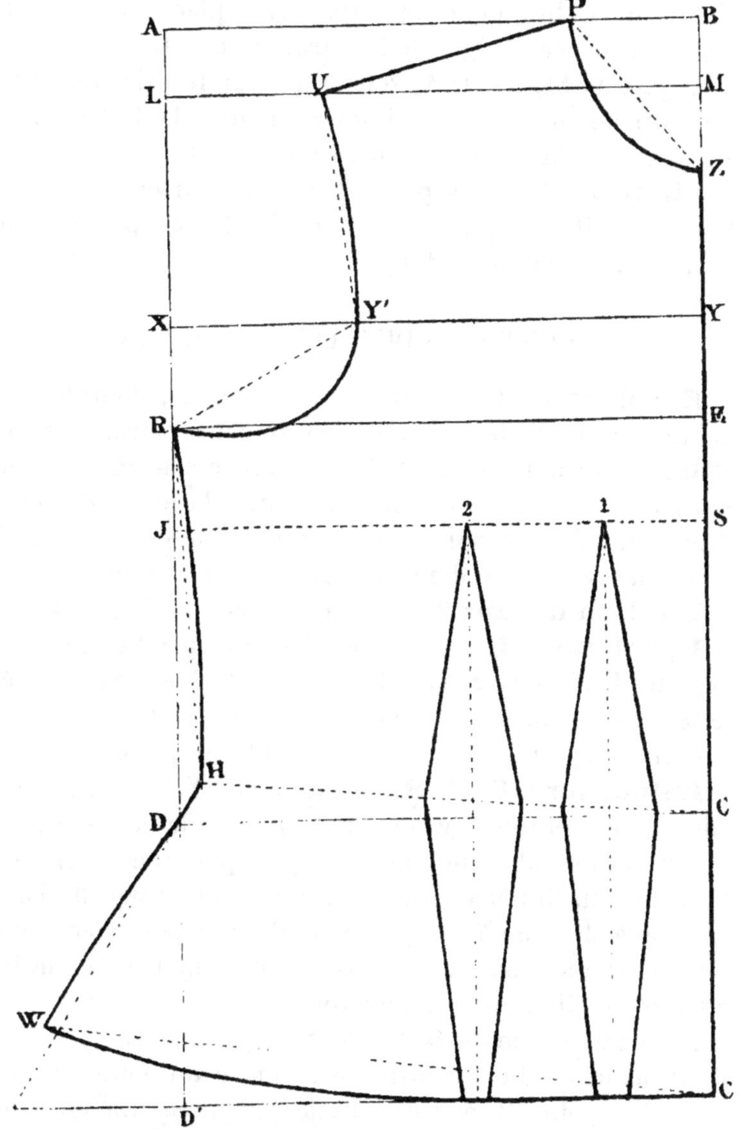

Fig. 7 (au 1/5). — Devant du corsage à basques

placer un point. De ce point tracer la ligne D C, parallèle à A B.

Ligne R E. — Du point A, sur la ligne A D, porter la moitié de la longueur de cette ligne, placer la lettre R. De ce point tracer la ligne R E, parallèle à A B.

Ligne L M. — De A, vers D, porter le seizième du tour de poitrine moins 2 centimètres, placer la lettre L. De ce point tracer la ligne L M, parallèle à A B.

Ligne X Y. — Du point R, vers A, porter le seizième du tour de poitrine, placer la lettre X. De ce point tracer la ligne X Y, parallèle à A B.

CONTOURS DU TRACÉ DU DEVANT

Encolure P Z. — Du point B, vers A, compter le seizième du tour de poitrine plus un centimètre, marquer la lettre P. Du point B, vers C, compter le seizième du tour de poitrine plus 2 cent. et demi, marquer la lettre Z. Réunir P, Z par une oblique ponctuée, puis par une courbe rentrée de 2 centimètres au milieu et à gauche de l'oblique ponctuée.

Bord du devant Z C′. — Renforcer la ligne Z C′.

Épaulette P U. — Du point P, jusqu'à la rencontre de la ligne L M, porter, vers la gauche, la longueur de l'épaulette du dos moins un demi-centimètre, placer la lettre U. Joindre les points U et P par une oblique pleine.

Entournure U Y′ R. — Du point Y, vers X, porter le cinquième du tour de poitrine, placer la lettre Y′. Réunir U, Y′ par une oblique ponctuée, puis par une courbe s'écartant de 7 millimètres sur la droite et au milieu de l'oblique ponctuée. Réunir Y′, R par une oblique ponctuée, puis par une courbe s'écartant d'environ 3 centimètres au milieu et au-dessous de l'oblique ponctuée.

Dessous de bras R H. — Sur la ligne D C, en partant de D, avancer d'un centimètre, placer un point. Réunir ce point au point R par une ligne ponctuée; du point R sur cette ligne ponctuée, porter la longueur R H du petit côté et placer la lettre H. Joindre les points R, H par une courbe rentrée d'un demi-centimètre sur la droite et au milieu de la ligne ponctuée.

Ligne de taille H C. — Réunir les points H, C par une oblique ponctuée.

Basque H W C'. — Prolonger le rectangle à gauche du point D' de manière à lui donner pour largeur, à partir du point C', les 3/6 du demi-tour des hanches plus 10 centimètres. Placer un point, réunir ce point au point H par une oblique ponctuée. Du point H, sur cette oblique, porter la longueur H W du petit côté et placer la lettre W. Réunir les points H, W par une courbe s'écartant d'un demi-centimètre au milieu et à gauche de l'oblique ponctuée, et à gauche du point W. Réunir les points W, C' par une oblique ponctuée, puis par une courbe qui s'écarte de 1 cent. et demi environ au milieu et au-dessous de l'oblique ponctuée, et qui vient se fondre avec la ligne du rectangle environ au milieu de la longueur D' C'.

Pinces. — Les pinces du corsage à basques se font comme celles du corsage rond, voir page 13. Toutefois, on les prolonge, à partir de la ligne de taille, en continuant jusqu'au bord inférieur de la basque les deux lignes ponctuées qui déterminent le milieu des pinces, puis en reprenant, à partir de la ligne de taille, les lignes obliques, que l'on rapproche deux à deux de l'extrémité inférieure de chaque ligne ponctuée, en laissant un centimètre entre chacune d'elles et la ligne ponctuée.

DÉPLACEMENT DES COUTURES D'ÉPAULES

ET DES COUTURES DU DESSOUS DE BRAS

La mode fait subir des changements fréquents à la place occupée par les coutures d'épaules.

Après les avoir faites très rejetées en arrière, on les fait actuellement très remontées sur l'épaule.

**.

Il est facile de modifier la place de ces coutures sans nuire à l'économie de la méthode.

Si, par exemple, on veut rejeter plus en arrière les coutures d'épaules, on descendra la ligne L M et la ligne X Y du dos d'un ou deux centimètres, et l'on remontera du même nombre de centimètres la ligne L M du devant.

Les coutures du dessous de bras se font également tantôt plus en avant, tantôt plus en arrière.

Lorsqu'on veut les rejeter en arrière et diminuer la largeur du petit côté, il suffit d'enlever au petit côté un ou plusieurs centimètres sous le bras, et de les ajouter au-devant, à la couture du-dessous de bras et de la basque.

TRACÉ DE LA MANCHE

LIGNES DE CONSTRUCTION

Rectangle A B C D. — Tracer un rectangle A B C D dont la longueur soit égale à la deuxième longueur du bras plus 3 centimètres, et la largeur au cinquième du tour de poitrine plus 3 centimètres.

Ligne L M. — Du point A, vers D, compter 3 centimètres et tracer la ligne L M, parallèle à A B.

Ligne X Y. — Du point A, vers D, porter le huitième [1] du tour de poitrine, placer la lettre X. De ce point, tracer la ligne XY, parallèle à A B.

Ligne E R. — Du point L (ne pas confondre avec le point A), sur la ligne L D, porter la première longueur du bras, placer la lettre E, qui indique le coude. Tracer une ligne E R parallèle à A B.

CONTOURS DU TRACÉ DE LA MANCHE

Entournure O L Z. — Du point A, vers B, porter le tiers de la longueur A B et placer la lettre O.

1. Lorsque le huitième du tour de poitrine est supérieur à 12 centimètres, on néglige le surplus.

Avancer le point Y de 3 centimètres vers X, placer la

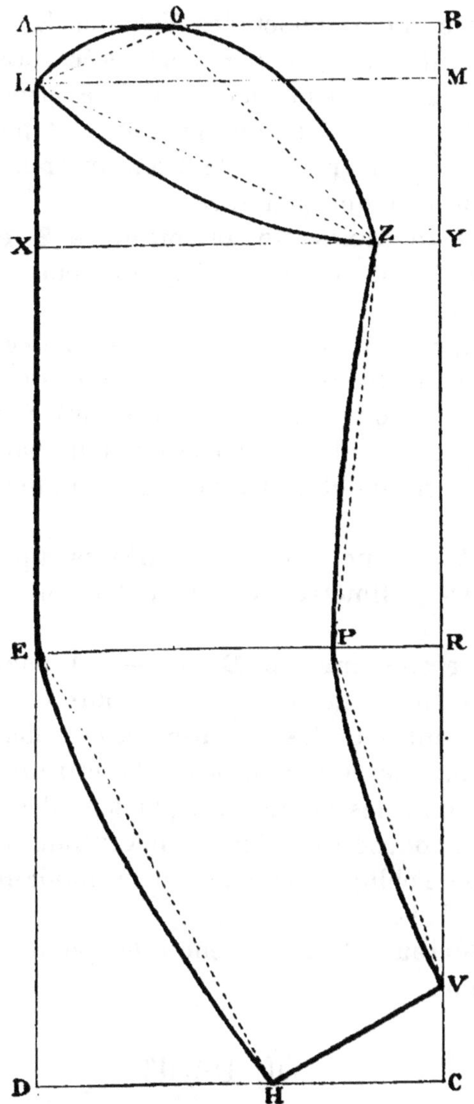

Fig. 8 (au 1/5). — Manche ordinaire.

lettre Z. Réunir les points O, L par une oblique ponctuée, puis par une courbe qui côtoie la ligne O A pendant 2 à

3 centimètres, puis s'écarte d'un centimètre au milieu et au-dessus de l'oblique ponctuée.

Mener des obliques ponctuées de O en Z et de Z en L. Réunir les points O, Z par une courbe s'écartant de 2 centimètres au milieu et au-dessus de la ligne ponctuée. Tracer le dessous de l'entournure en joignant les points L, Z au moyen d'une courbe rentrée de 2 centimètres au milieu et au-dessous de l'oblique ponctuée.

Couture intérieure de la manche Z P V. — Du point R, vers E, porter le seizième du tour de poitrine et placer la lettre P.

Du point C, vers B, remonter de 5 centimètres (4 centimètres seulement pour les mesures au-dessous de 80 centimètres de tour de poitrine), et placer la lettre V. Réunir les points Z, P par une oblique ponctuée, puis par une courbe s'écartant de 8 millimètres à gauche et au milieu de l'oblique ponctuée.

Réunir P, V par une oblique ponctuée, puis par une courbe s'écartant de 8 millimètres au milieu et à gauche de l'oblique ponctuée.

Couture extérieure L E H. — Du point D vers C, porter la moitié de la longueur D C plus 1 c. 1/2 (1 centimètre seulement pour les mesures au-dessous de 80 centimètres de tour de poitrine), placer la lettre H. Renforcer la ligne L E. Réunir les points E, H par une oblique ponctuée, puis par une courbe s'écartant d'un centimètre à gauche et au milieu de l'oblique ponctuée et se fondant au point E avec la ligne L E.

Bord inférieur V H. — Réunir les points V, H par une oblique pleine.

COL DROIT

MESURE A PRENDRE

Largeur de l'encolure. — On prend cette mesure en entourant l'encolure sur le col même de la robe.

LIGNES DE CONSTRUCTION

Tracer un rectangle A B C D ayant pour largeur la moitié de l'encolure plus 1 centimètre, et pour hauteur 7 centimètres.

Du point D, vers A, compter 4 centimètres et demi et placer la lettre L. Tracer la ligne L M, parallèle à A B.

CONTOURS DU TRACÉ DU COL

Bord du col par devant O Z. — Du point M, descendre vers C d'un centimètre, placer la lettre Z. Du point B, vers A, compter 2 centimètres, placer la lettre O. Réunir les points O, Z par une oblique pleine.

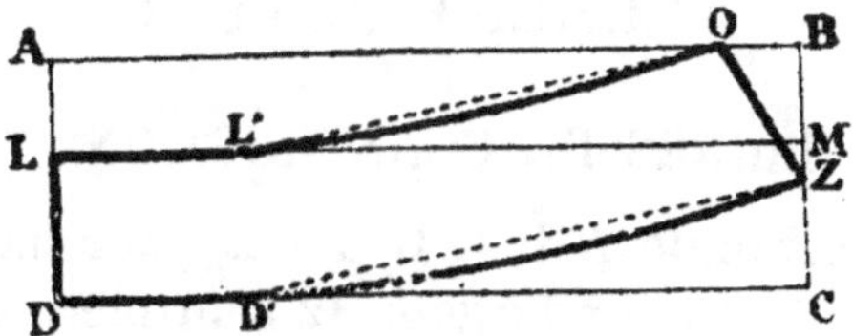

Fig. 9 (au 1/5). — Tracé du col droit.

Bord supérieur L L' O. — Du point L, sur la ligne L M, compter 4 centimètres et demi et placer la lettre L'. Joindre L' à O par une oblique ponctuée, puis par une courbe s'écartant d'un demi-centimètre au milieu et au-dessous de l'oblique ponctuée.

Reprendre la ligne L L' O en la fondant au point L'.

Encolure D D' Z. — Du point D, vers C, compter 4 centimètres et demi, placer la lettre D'. Réunir D' à Z par une oblique ponctuée, puis par une courbe s'écartant d'un demi-centimètre au milieu et au-dessous de l'oblique ponctuée.

Reprendre la ligne D D' Z en la fondant au point D'.

Renforcer la ligne L D.

ASSEMBLAGE DU COL

Si l'étoffe est unie, on place simplement la ligne L D sur le droit fil de l'étoffe pliée ; si l'étoffe est à rayures, on doit couper séparément chaque moitié de col afin d'obtenir qu'à la couture de derrière les rayures se raccordent et forment un V. Pour cela, on place la ligne L D, non sur le droit fil de l'étoffe pliée, mais sur le bon biais; on taille la première moitié du col, puis on applique celle-ci sur l'étoffe en ayant soin que les rayures se superposent exactement, endroit sur endroit, pour couper l'autre moitié. La doublure se taille dans le même sens que l'étoffe; on enferme entre l'étoffe et la doublure une toile appelée « toile de tailleur », qui se taille sur le patron sans laisser de rempli, excepté à l'encolure.

Le col une fois préparé, on l'applique sur le corsage endroit contre endroit, la couture du milieu du col coïncidant avec la couture du milieu du dos. On coud à points arrière la toile de tailleur, l'étoffe du col et le corsage doublé, puis on redresse le col et l'on enferme la couture en rabattant la doublure que l'on coud à points de côté, sans faire traverser ces points à l'endroit du corsage.

PAREMENT OUVERT

LIGNES DE CONSTRUCTION

Tracer un rectangle A B C D ayant pour hauteur 6 centimètres et demi et pour largeur 12 centimètres.

Du point A, vers B, avancer de 2 centimètres et placer la

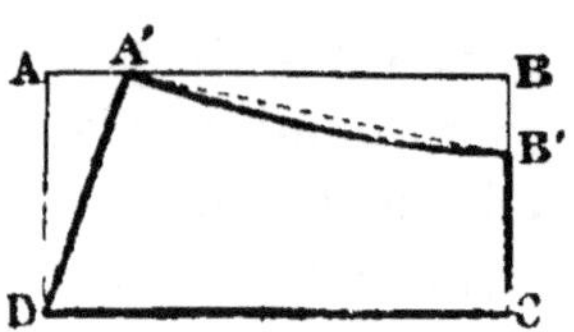

Fig. 10 (au 1/5). — Parement ouvert.

lettre A'. De B, vers C, avancer de 2 centimètres et placer la lettre B'.

CONTOURS DU PAREMENT

Bord supérieur A' B'. — Réunir A' et B' par une oblique ponctuée, puis par une courbe s'écartant de 3 millimètres au milieu et au-dessous de l'oblique ponctuée.

Ouverture A' D. — Réunir A' et D par une oblique pleine.

Bord inférieur D C. — Renforcer la ligne D C.

Pliure du parement B' C. — Renforcer la ligne B' C.

PAREMENT FERMÉ

LIGNES DE CONSTRUCTION

Tracer un rectangle A B C D ayant pour hauteur 7 centimètres et pour largeur 12 centimètres.

Avancer le point D d'un demi-centimètre vers C; placer la lettre D'.

Du point B, vers C, porter un centimètre; placer la lettre B'.

CONTOURS DU PAREMENT

Couture du parement A D'. — Réunir A et D' par une oblique pleine.

Bord supérieur A B'. — Réunir A et B' par une oblique

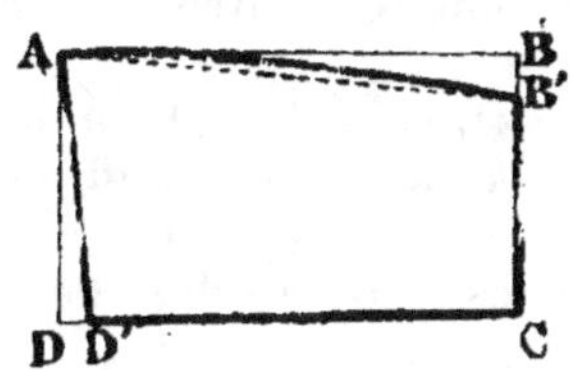

Fig. 11 (au 1/5). — Parement fermé.

ponctuée, puis par une courbe s'écartant de 3 millimètres au milieu et au-dessus de l'oblique ponctuée.

Bord inférieur D' C. — Renforcer la ligne D' C.

Pliure du parement B' C. — Renforcer la ligne B' C.

ASSEMBLAGE DES PAREMENTS

Plier l'étoffe dans le biais parfait et placer la ligne B'C sur ce pli. La couture du parement longe la couture extérieure de la manche.

On enferme entre la doublure et l'étoffe une mousseline ou une toile raide.

COUPE ET ASSEMBLAGE
DU CORSAGE

Le tracé des diverses parties du corsage étant exécuté sur du papier à patrons, on coupe exactement celui-ci sur les lignes du dessin, sauf les pinces auxquelles on laisse à l'intérieur une bande de papier d'un centimètre, à la taille et au bas de la basque, puis on passe à l'étoffe.

Toutes les pièces du corsage se taillent sur l'étoffe *double*. Si l'étoffe est pliée en deux par le milieu, c'est sur le bord de ce pli qu'on placera le milieu du dos, en l'écartant de 2 centimètres du pli au point A et de 4 centimètres au point S. La couture que l'on fera au milieu du dos sera par conséquent cintrée et donnera de la grâce au corsage.

La ligne de taille du petit côté, du point O' au point H, doit être placée sur la trame de l'étoffe [1].

Le bord du devant se place sur le droit fil de l'étoffe.

La manche suit également le droit fil, depuis l'entournure jusqu'au coude.

On épingle les diverses pièces du patron de corsage sur l'étoffe double, et l'on taille celle-ci avec un grand soin, en laissant pour les coutures :

1° 2 centimètres pour les coutures des épaulettes et des dessous de bras ;

2° 4 centim. et demi pour les devants du corsage, dont 1/2 centimètre pour les boutons et pour les boutonnières, et 4 centimètres pour l'ourlet intérieur ;

3° A peine un demi-centimètre pour l'encolure et les entournures, qu'on surfile immédiatement si l'étoffe est de nature à s'effiler ;

4° 2 centimètres pour les coutures des manches et 4 centimètres pour leur bord inférieur.

L'étoffe une fois taillée, on la place sur la doublure et dans le même sens que celle-ci, puis on la taille exactement comme elle. On applique le patron sur l'étoffe, et l'on indique par un *bâti* le tracé exact du patron. Ce *bâti* sert, en outre, à fixer l'étoffe sur la doublure. On assemble alors les diverses parties du corsage à points *devant*, en réunissant les lettres semblables.

1. Le *droit fil* est dans le même sens que la lisière : il suit la *chaîne*. La *trame* de l'étoffe est dans le sens contraire.

On faufile les pinces. On laisse extérieurement l'étoffe destinée aux ourlets du devant, ceux-ci ne se faisant qu'après l'essayage. On place la manche pendant l'essayage, en observant que la couture du coude doit être placée exactement au point N pour la manche ordinaire et au point N' pour la manche dont le dessous est plus étroit que le dessus.

Lorsque, faute d'expérience, on craint de perdre l'étoffe, on peut commencer par tailler la doublure. Avant d'enlever le patron, on en indique très exactement les contours au moyen d'une roulette à patrons ou de la craie de tailleur. On bâtit alors le corsage en doublure, on l'essaye, et l'on fait les rectifications nécessaires; puis on place la doublure rectifiée sur l'étoffe, dans le même sens que celle-ci, que l'on taille exactement comme elle. On assemble en suivant les bâtis de rectification, et l'on essaie de nouveau le corsage doublé.

MANIÈRE D'ESSAYER ET DE COUDRE LE CORSAGE

Pour essayer le corsage, on commence par épingler le milieu du dos au bas de la taille. On épingle les deux devants sur le bâti indiquant le bord. Le corsage ainsi fixé, il convient d'y faire les retouches nécessaires.

Nous indiquerons ici les principales retouches qui peuvent être nécessitées par l'essayage.

Si le corsage est :

Trop long, le reprendre sur les épaules;

Trop court, l'allonger en creusant un peu le bas de la taille (couture du milieu du dos), descendre le dessous de bras, descendre les pinces;

Trop large de poitrine, serrer la couture du dessous de bras, replier l'ourlet du devant;

Trop large du dos, avancer les petits côtés sur le dos (rectification difficile);

Trop large de taille, mettre plus d'étoffe dans les pinces et dans les coutures des dessous de bras, à l'endroit de la taille;

Trop large d'encolure, reprendre sur l'épaulette du dos, près de l'encolure, égaliser les coutures : de cette manière, l'encolure est diminuée, mais non la largeur de poitrine. Cette retouche ne s'applique qu'aux personnes très fortes. On peut encore reprendre le haut du devant jusqu'à la poitrine, ce qui détruit le droit fil du bord du devant:

Trop étroit du dos, refaire la couture du milieu du dos, en diminuant les rentrés; si la correction est impossible, refaire un petit côté;

Trop étroit du devant, il suffit souvent d'échancrer un peu plus l'entournure, à partir de l'épaule jusqu'au milieu, entre les lettres U et Y'; ne jamais recouper sous les bras; quelquefois. il suffit de descendre un peu les pinces;

Trop étroit d'encolure, recouper sur le devant, jamais sur le dos;

Trop étroit de taille, prendre moins d'étoffe dans les pinces; on peut aussi en supprimer une. Donner de la largeur aux petits côtés du côté du dos.

Si la manche est trop étroite, diminuer la couture extérieure, mais ne jamais toucher à la couture intérieure.

Le corsage bien essayé, retouché d'un côté seulement, les épingles de l'essayage remplacées par un bâti, on doit poser le côté rectifié sur l'autre côté, afin de les rendre symétriques. en faisant traverser les épingles pour indiquer les rectifications.

Toutes les coutures se font à points arrière ou à la machine. On les ouvre en les repassant, et on les surfile de chaque côté. ou on les borde avec un ruban étroit appelé *extra-fort.*

Les coutures des épaulettes et des petits côtés se font sur le dos (c'est-à-dire le dos devant soi). On coud donc l'un des petits côtés en commençant par l'entournure, l'autre par la taille pour les corsages ronds, ou par le bord inférieur de la basque pour les corsages à basques. Les épaulettes se cousent également sur le dos, l'une en commençant à l'entournure, l'autre à l'encolure.

On coud les pinces avant d'assembler le corsage; les coutures se font en dedans, par conséquent l'une des pinces se coud en commençant par le bas, l'autre en commençant par le haut. Cette manière de procéder donne de l'élasticité à l'extérieur des pinces, et, par conséquent, de la grâce au corsage.

Les coutures faites, on les hoche à la taille pour qu'elles s'ouvrent facilement et permettent au corsage d'adhérer à la taille.

Les coutures des manches se font de la manière suivante : on place l'étoffe les deux endroits l'un sur l'autre; sur l'étoffe, on place la doublure également les deux endroits l'un sur l'autre. Lorsque les coutures sont faites, on *hoche* la couture intérieure, et l'on retourne une seule doublure. Les coutures sont ainsi dissimulées à l'intérieur.

Les manches avec dessous plus étroit que le dessus ne peuvent pas se coudre de la même façon. On les coud comme le reste du corsage et on surfile les coutures qui restent visibles à l'envers. Le dessus de la manche doit être froncé ou plissé avec trois très petits plis au coude.

On place le point D du col sur le point A de l'encolure. On monte la manche en la soutenant sur l'épaule; on place à l'intérieur de l'entournure un lacet que l'on coud en même temps que la manche, pour consolider l'entournure qui, sans cela, se déchirerait facilement.

On fixe un ruban de fil large de 2 cent. et demi à l'envers du corsage, au bas de la taille, et sur les coutures du dos et des dessous de bras. Ce ruban de taille s'agrafe par devant. On place également un ruban de fil pour soutenir l'ourlet du devant sous les boutons. On indique la place des boutonnières, en commençant par celle de la taille, puis en distançant les autres à volonté.

Lorsque l'étoffe s'effile, on surfile les boutonnières ou on les gomme, avant de les faire. On peut encore tracer la boutonnière avec un fil, la faire au point de feston, puis la couper ; après quoi, on la termine par deux petites brides appelées *points d'arrêt*. On égalise le bas du corsage rond et on le termine par une ceinture qui s'attache sur la gauche en croisant de 5 centimètres. Le corsage à basques se termine par un biais, par un *dépassant* ou par un faux ourlet que l'on place d'abord à l'endroit et que l'on retourne à l'envers.

COUPE DE LA JUPE

Deux mesures sont nécessaires pour tailler une jupe :

1° **Longueur de devant.** — Du milieu du devant, ceinture, au bas de la jupe.

2° **Longueur de derrière.** — Du milieu du dos, ceinture, au bas de la jupe.

Nous prendrons pour type une étoffe de largeur moyenne, de 60 cent., et nous indiquerons la manière de tailler la jupe, à l'aide de deux dessins (au dixième) représentant le demi-lé de devant et les deux lés de côté.

La figure 12 représente le lé de devant plié en deux par le milieu. Ce lé conserve dans le bas toute sa largeur; mais, dans le haut, il ne doit avoir que 15 centimètres pour demi-largeur (en comptant l'étoffe nécessaire aux deux plis de côté). On enlèvera l'excédent en taillant deux pointes de 20 centimètres de large par le haut et de 1 millimètre de large par le bas.

De chaque côté du lé de devant, on place deux pointes, qu'on taille dans un lé si l'étoffe n'a pas d'envers (fig. 13). Dans le cas contraire il faudra les tailler l'une sur l'autre et employer un lé par pointe. Il restera alors deux pointes semblables, qu'on emploiera pour le corsage, à moins qu'on ne veuille les placer dans la jupe comme seconds lés de côté.

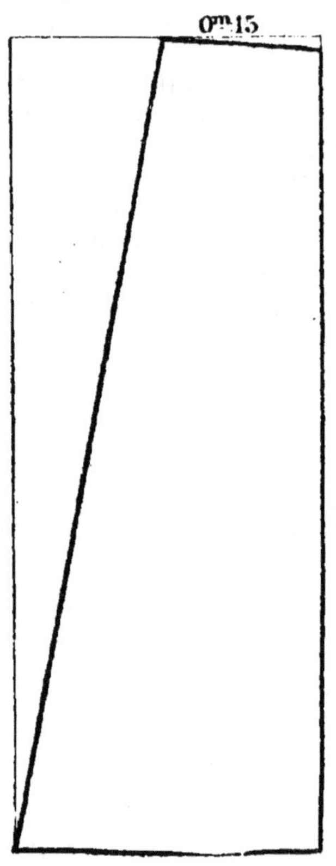

Fig. 12 (au 1/10). — Lé de devant.

On *assemble* les lés de la jupe en commençant par le haut, et en cousant la lisière du lé de côté avec le biais du lé de devant. On fera de même pour les seconds lés de côté (si l'on en met deux), de telle sorte que le côté *biaisé* des lés se trouve toujours par derrière.

On place des lés entiers par derrière, pour compléter la largeur que l'on désire donner à la jupe.

Une fois les lés *assemblés*, on égalise le bas de la jupe et l'on y place un faux ourlet. Si l'on borde la jupe avec un lacet de laine, on aura soin de le passer dans de l'eau très chaude avant de l'employer; à défaut de quoi, ce lacet se retirerait et ferait froncer le bas de la jupe.

On place la poche au côté droit de la jupe, en la dissimulant sous un pli.

Pour monter la jupe, on forme des plis plus ou moins creux, selon l'ampleur. Le premier de ces plis, qui doit avoir 3 centimètres de profondeur, sera pris sur le lé de devant; les autres, sur les lés de côté. Les lés de derrière sont ordinairement froncés.

On coud la jupe en surjet à la ceinture du corsage rond; la fente de la jupe se trouve ainsi sur le côté gauche.

Lorsque le corsage est à basques, on monte la jupe sépa-

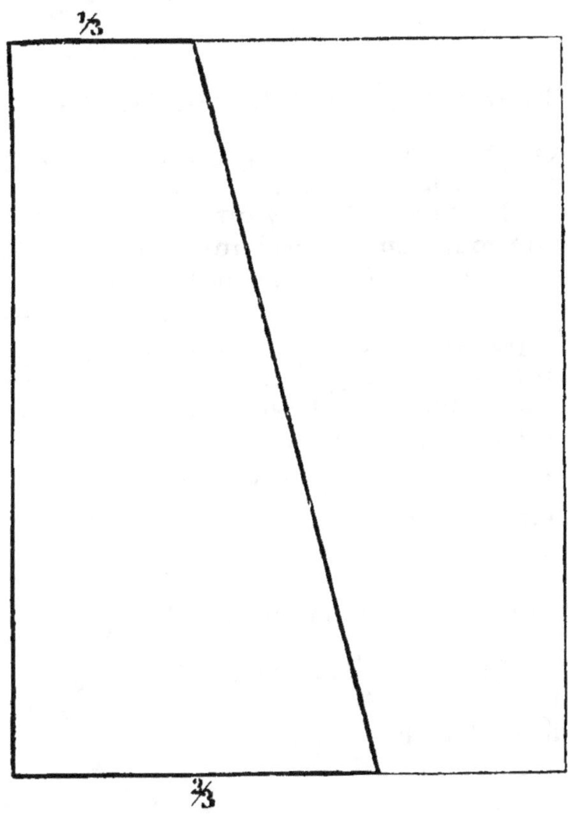

Fig. 13 (au 1/10). — Lés de côté.

rément, après une ceinture faite avec un ruban de fil recouvert d'étoffe semblable à la robe. Cette ceinture s'attache par derrière en croisant de 3 à 4 centimètres.

ROBE ANGLAISE

POUR FILLETTE

PRENDRE LES MESURES SUIVANTES :

1° **Longueur du dos**.................... Voir page 2
2° **Largeur du dos**.................... —
3° **Première longueur du devant**....... —
4° **Deuxième longueur du devant**. — Du milieu du devant, ceinture, au bas de la jupe.................................. —
5° **Tour de poitrine**.................. —
6° **Tour de taille**...................... —
7° **Tour des hanches**. — Le prendre à 12 ou 14 centimètres environ au-dessous de la taille.............................. —
8° **Longueurs du bras.** { 1re............ —
{ 2e............ —

PRENDRE LES DIVISIONS SUIVANTES :

Tour de poitrine : 1/2 ; 1/5 ; 1/6.
Tour de taille : 1/5 ; 1/10.
Demi-tour des hanches : 1/6.

DOS ET PETIT COTÉ DE LA ROBE ANGLAISE

LIGNES DE CONSTRUCTION

Rectangle A B C'D'. — Tracer un rectangle [1] A B C'D' ayant pour longueur la longueur du dos plus la longueur que l'on veut donner à la basque [2], et pour largeur la

1. Avant de tracer le rectangle, consulter la note page 2.
2. Pour une enfant de douze ans, on donne ordinairement à la basque 23 à 25 centimètres de longueur.

demi-largeur du dos plus le seizième du tour de poitrine attribué au petit côté, plus 10 centimètres pour le développement des basques.

Du point A, vers D', porter la longueur du dos, placer la lettre D. De ce point tracer la ligne D C, parallèle à A B.

Ligne E R. — Du point A, vers D, porter la moitié de la longueur de cette ligne, placer la lettre E. De ce point. tracer la ligne E R, parallèle à A B.

Ligne L M. — Du point A, vers D, porter le seizième du tour de poitrine plus un centimètre, placer la lettre L. De ce point tracer la ligne L M, parallèle à A B.

Ligne X Y. — Compter 5 centimètres du point L vers E, placer la lettre X; de ce point tracer la ligne X Y, parallèle à A B.

CONTOURS DU TRACÉ DU DOS

Milieu du dos A S. — Du point D, vers C, avancer de 2 centimètres, placer un point; élever ce point d'un demi-centimètre, placer la lettre S.

Réunir les points A,S par une oblique.

Encolure A P. — Du point A, sur la ligne AB, porter le seizième du tour de poitrine, placer un point; élever ce point d'un demi-centimètre et placer la lettre P. Réunir A,P par une courbe légèrement concave, qui doit rester en dehors du rectangle.

Épaulette P U. — De l'oblique milieu du dos, sur la ligne LM, porter la demi-largeur du dos, placer la lettre U. Réunir le point P au point U par une ligne oblique.

Entournure U N. — Du point U abaisser une perpendiculaire ponctuée sur la ligne XY, placer un point. Rentrer ce point d'un demi-centimètre vers la droite et placer la lettre N. Joindre les points U, N par une courbe qui suit d'abord la ligne ponctuée l'espace de 2 centimètres environ.

Ligne de taille S O. — Tracer à droite du point S une horizontale ponctuée ayant pour longueur le dixième du tour de taille moins un centimètre. Placer la lettre O.

Courbure du dos N O. — Réunir les points N,O par une oblique ponctuée, puis par une courbe rentrée de 1 cent. 1/2 sur la gauche et au milieu de l'oblique ponctuée.

Basque S D'T O. — Du point S tracer une oblique ponc-

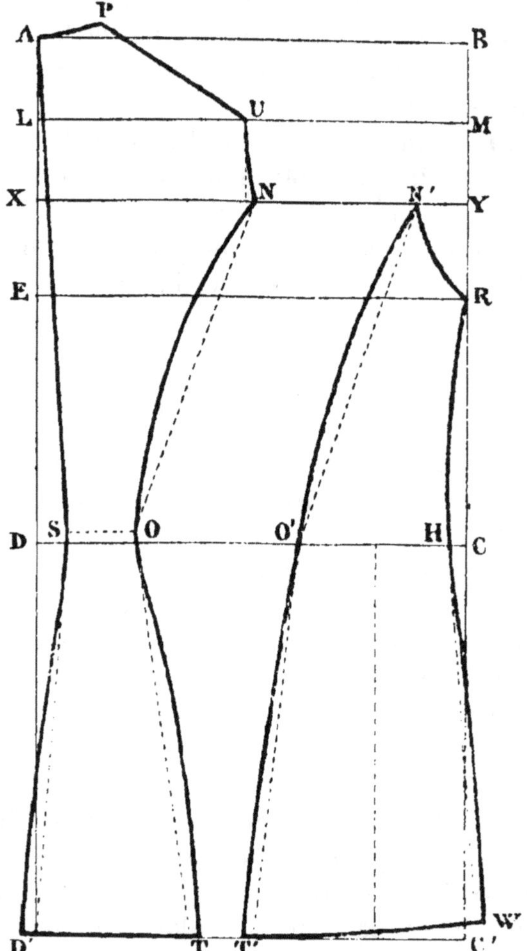

Fig. 14 (au 1/6). — Dos et petit côté de la robe anglaise.

tuée rejoignant le point D'. Réunir de nouveau ces deux points par une courbe suivant d'abord la ligne ponctuée l'espace de 2 à 3 centimètres, puis s'en écartant d'un demi-centimètre au milieu et à gauche de l'oblique ponctuée et à gauche du point D'.

Du point D', vers C', porter le sixième du demi-tour des hanches plus 3 centimètres, placer la lettre T.

Joindre les points O,T par une oblique ponctuée, puis par une courbe s'écartant d'un demi-centimètre à droite et au milieu de l'oblique ponctuée et à droite du point T. Renforcer la ligne D'T.

PETIT COTÉ

Entournure N'R. — Du point Y, vers X, compter le seizième du tour de poitrine moins un centimètre, placer la lettre N'. Réunir N',R par une oblique ponctuée, puis par une courbe rentrée d'un demi-centimètre au milieu et à gauche de l'oblique ponctuée.

Dessous de bras R H. — Avancer le point C d'un centimètre sur la ligne CD, placer la lettre H.

Joindre les points R,H par une oblique ponctuée, puis par une courbe rentrée d'un demi-centimètre à gauche et au milieu de l'oblique ponctuée.

Ligne de taille O'H. — Du point H, porter sur la gauche le cinquième du tour de taille moins un centimètre, placer la lettre O'.

Courbure du petit côté N'O'. — Réunir N' et O' par une oblique ponctuée, puis par une courbe s'écartant d'un centimètre environ au milieu et à gauche de l'oblique ponctuée.

Basque O'T'W H. — Prendre le milieu de la distance O'H. Placer un point. De ce point, abaisser une perpendiculaire ponctuée sur la ligne D'C'. Compter à gauche de cette perpendiculaire le sixième du demi-tour des hanches plus un centimètre, placer la lettre T'. Compter à droite de cette perpendiculaire le même sixième moins un centimètre. Placer un point. Remonter ce point d'un demi-centimètre et placer la lettre W.

Joindre les points O' et T' par une oblique ponctuée, puis par une courbe suivant d'abord l'oblique l'espace de 3 centimètres environ, puis s'en écartant d'un demi-centimètre à gauche et au milieu de l'oblique ponctuée et à gauche du point T'.

Réunir les points H, W par une oblique ponctuée, puis par une courbe suivant d'abord l'oblique ponctuée l'espace de 2 à 3 centimètres, puis s'en écartant d'un demi-centimètre à droite et au milieu et à droite du point W. Du point T', suivre d'abord la ligne T' C' jusqu'à la moitié de sa longueur, puis rejoindre le point W par une courbe légère.

DEVANT DE LA ROBE ANGLAISE

LIGNES DE CONSTRUCTION

Rectangle A B C' D'. — Tracer un rectangle [1] A B C' D' ayant pour longueur la première longueur du devant plus la deuxième longueur du devant, et pour largeur le demi-tour de poitrine plus 4 centimètres, diminué de la demi-largeur du dos et du seizième du tour de poitrine.

Du point A, vers D', porter la première longueur du devant, placer la lettre D. De ce point tracer la ligne D C, parallèle à A B.

Ligne R E. — Du point A, sur la ligne A D, porter la moitié de la longueur de cette ligne. Placer un point. De ce point tracer la ligne R E, parallèle à A B.

Ligne L M. — Du point A, vers D, porter le seizième du tour de poitrine moins un centimètre, placer la lettre L. De ce point tracer la ligne L M, parallèle à A B.

Ligne X Y. — Du point R, vers A, porter le seizième du tour de poitrine, placer la lettre X. De ce point tracer la ligne X Y, parallèle à A B.

CONTOURS DU TRACÉ DU DEVANT

Encolure P Z. — Du point B, vers A, porter le seizième du tour de poitrine plus un centimètre, placer la lettre P.

1. Avant de tracer le rectangle, consulter la note page 2.

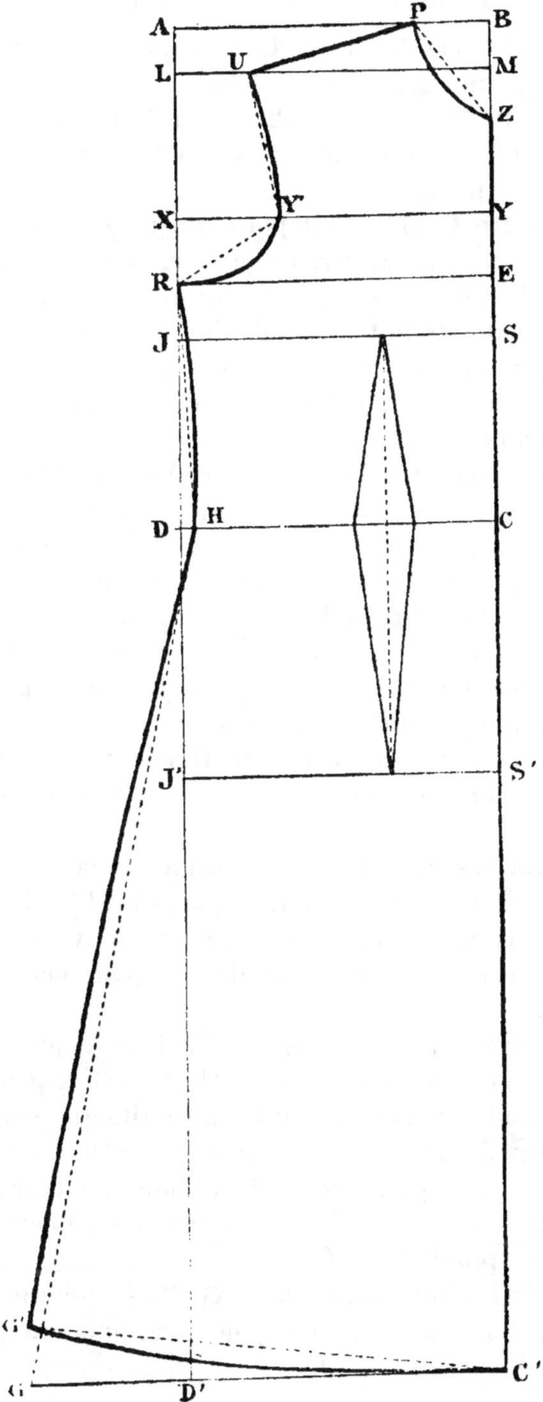

Fig. 15 (au 1/6). — Devant de la robe anglaise.

Du point B, vers C, porter le seizième du tour de poitrine plus 2 centimètres, placer la lettre Z.

Réunir P, Z par une oblique ponctuée, puis par une courbe rentrée d'un centimètre sur la gauche et au milieu de l'oblique ponctuée.

Epaulette P U. — Du point P, jusqu'à la rencontre de la ligne L M, porter, vers la gauche, la longueur de l'épaulette du dos moins un demi-centimètre, placer la lettre U. Réunir les points P, U par une oblique pleine.

Entournure U Y′ R. — Du point Y, sur la ligne Y X, porter le cinquième du tour de poitrine, placer la lettre Y′. Réunir les points U, Y′ par une oblique ponctuée, puis par une courbe s'écartant d'un demi-centimètre sur la droite et au milieu de l'oblique ponctuée; joindre Y′ et R par une oblique ponctuée, puis par une courbe écartée de 2 centimètres au milieu et au-dessous de l'oblique ponctuée.

Dessous de bras R H. — Sur la ligne DC, en partant de D, avancer d'un centimètre. Placer un point. Réunir ce point au point R par une oblique ponctuée. Du point R, sur cette oblique ponctuée, porter la longueur R H du petit côté et placer la lettre H. Réunir R, H par une courbe écartée d'un demi-centimètre sur la droite et au milieu de l'oblique ponctuée.

Couture de côté H G′. — Prolonger la ligne D′ C′ de la moitié de sa longueur à gauche du point D′, placer la lettre G. Réunir H, G par une oblique ponctuée. Remonter le point G de 3 centimètres, sur cette oblique ponctuée, et placer la lettre G′.

Reprendre la ligne du dessous de bras à partir du point H, suivre la ligne H G′ l'espace de 2 à 3 centimètres, s'en écarter graduellement jusqu'à un centimètre sur la gauche et au tiers de sa longueur. Continuer cette courbe par une oblique suivant parallèlement l'oblique ponctuée, à la distance d'un centimètre, et se terminant à un centimètre à la gauche du point G′.

Bord inférieur du devant G′ C′. — Réunir le point G′ au point C′ par une oblique ponctuée, puis par une courbe s'écartant de 2 cent. et demi au milieu et au-dessous de l'oblique ponctuée.

TRACÉ DE LA PINCE

La robe anglaise se fait habituellement sans pinces. On peut pourtant en faire une. Nous indiquons la manière de s'y prendre.

Du point R, sur la ligne R D, porter le seizième du tour de poitrine, placer un point. De ce point, tracer la ligne J S, parallèle à R E, et destinée à fixer la hauteur de la pince.

Prendre la longueur R D, la porter à partir du point D sur la ligne D D', placer la lettre J'. De ce point, tracer la ligne J' S', parallèle à D C; cette ligne indique le bas de la pince. Prendre la moitié de la longueur Y Y', la porter à partir du point S vers J et marquer le chiffre 1, qui indique le sommet de la pince. Du point 1, abaisser sur la ligne J' S' une perpendiculaire ponctuée qui indique le milieu de la pince.

Indiquer sur la ligne de taille 2 centimètres de chaque côté de la perpendiculaire. Réunir ces deux points au chiffre 1 et au bas de la pince, sur la ligne ponctuée, par des obliques.

Nous conseillons de ne donner à la pince que 4 centimètres de profondeur *au plus*, c'est-à-dire 2 centimètres de chaque côté de la perpendiculaire sur la ligne de taille. Si l'on veut *ajuster* la robe anglaise et que, malgré la pince, il y ait un excédent de largeur, on reprendra sur la couture du dessous de bras.

MANCHE DE LA ROBE ANGLAISE

La manche de la robe anglaise se taille comme celle de la robe ordinaire.

ASSEMBLAGE DE LA ROBE ANGLAISE

On place le droit fil de l'étoffe sur le bord du devant en suivant la ligne Z C'.

Si l'étoffe n'est pas assez large pour tailler le patron du devant, on place une pointe du côté du dessous de bras. On procède de la même façon que pour le corsage à basques, en laissant 11 centimètres pour l'ourlet au bord inférieur du devant.

La doublure du devant se taille de la même longueur que celle du dos. On trouve cette longueur en mesurant le dessous de bras du petit côté. On assemble la robe anglaise comme la robe à basques.

Pour compléter cette robe, il faut ajouter deux ou trois lés par derrière, de façon que la jupe ait 2 mètres ou 2 mètres 50 de large par le bas. Ces lés sont plissés à plis creux ou à plis couchés et rattachés à la basque au moyen d'un surjet, que l'on dissimule à l'aide d'un petit plissé ou d'un biais posé à plat.

On peut encore donner aux lés de derrière 6 à 8 centimètres de longueur en plus et les coudre à l'envers du corsage sur chaque couture de la basque, après les avoir arrêtés en les bordant à cheval. Dans ce cas, on termine la basque, comme dans les corsages ordinaires, par un faux ourlet, ou un biais, ou un *dépassant*. De cette façon, la basque tombe sur le plissé qui forme jupe.

ROBE ATTACHÉE PAR DERRIÈRE

POUR PETITE FILLE DE DIX ANS ET AU-DESSOUS

Mêmes mesures à prendre que pour la robe à corsage rond, page 2.

Prendre les divisions suivantes :

Tour de poitrine : 1/2; 1/5; 1/16.
Tour de taille : 1/5; 1/10.

TRACÉ DU DOS ET DU PETIT COTÉ

LIGNES DE CONSTRUCTION

Rectangle A B C D. — Tracer un rectangle [1] A B C D, dont la longueur soit égale à la longueur du dos, et la largeur à la demi-largeur du dos, plus le seizième du tour de poitrine, plus 2 centimètres pour la croisure.

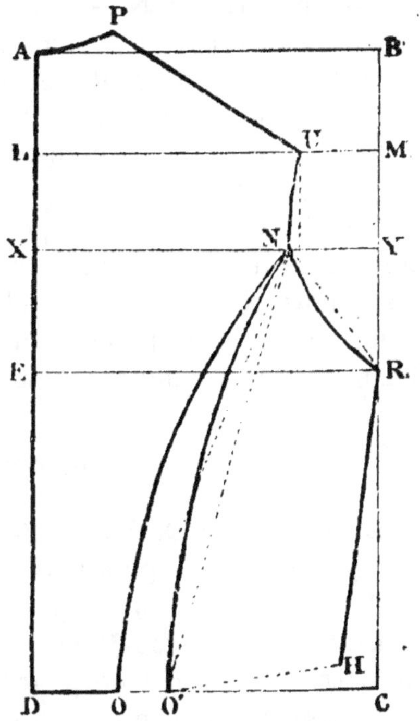

Fig. 16 (au 1/5). — Dos et petit côté de la robe attachée par derrière.

Ligne E R. — Du point A, sur la ligne A D, porter la moitié de la longueur de cette ligne, placer la lettre E et tracer la ligne E R, parallèle à A B.

Ligne L M. — Du point A, vers D, porter le seizième du tour de poitrine plus un centimètre, placer la lettre L. De ce point tracer la ligne L M, parallèle à A B.

Ligne X Y. — Du point L, vers E, porter 5 centimètres et placer la lettre X. De ce point tracer la ligne X Y, parallèle à A B.

CONTOURS DU TRACÉ DU DOS

Milieu du dos A D. — Renforcer la ligne A D.

Encolure A P. — Porter le seizième du tour de poitrine

1. Avant de tracer le rectangle, consulter la note page 2.

plus 2 centimètres du point A vers B, placer un point. Élever ce point d'un centimètre et placer la lettre P. Réunir les points A, P par une courbe légèrement concave et qui doit rester en dehors du rectangle.

Épaulette P U. — Du point L, vers M, porter la demi-largeur du dos plus 2 centimètres. Placer la lettre U. Réunir le point P au point U par une oblique.

Entournure U N. — Du point U abaisser une perpendiculaire ponctuée sur la ligne X Y, placer un point. Rentrer ce point d'un demi-centimètre vers la gauche et marquer la lettre N. Joindre les points U, N par une courbe écartée d'un demi-centimètre au milieu et sur la gauche de la perpendiculaire ponctuée.

Courbure N O. — Du point D, vers C, porter le dixième du tour de taille plus un centimètre, placer la lettre O. Joindre les points N, O par une oblique ponctuée, puis par une courbe rentrée de un cent. et demi environ sur la gauche et au milieu de l'oblique ponctuée.

PETIT COTÉ

Entournure N R. — Réunir les points N, R par une oblique ponctuée, puis par une courbe écartée d'un centimètre au milieu et au-dessous de l'oblique ponctuée.

Dessous de bras R H. — Avancer le point C de 2 centimètres vers la gauche, placer un point. Remonter ce point d'un centimètre et placer la lettre H. Joindre les points R, H par une oblique.

Ligne de taille O' H. — Du point H, vers D, porter le dixième du tour de taille plus 3 centimètres, placer la lettre O'. Réunir H à O' par une oblique ponctuée.

Courbure du petit côté N O'. — Réunir le point N au point O' par une oblique ponctuée, puis par une courbe s'écartant d'un cent. et demi au milieu et à gauche de l'oblique ponctuée.

TRACÉ DU DEVANT

LIGNES DE CONSTRUCTION

Rectangle A B C D. — Tracer un rectangle[1] A B C D, dont la longueur soit égale à la longueur du devant, et la largeur au demi-tour de poitrine plus 4 centimètres de développement, diminué de la demi-largeur du dos et du seizième du tour de poitrine.

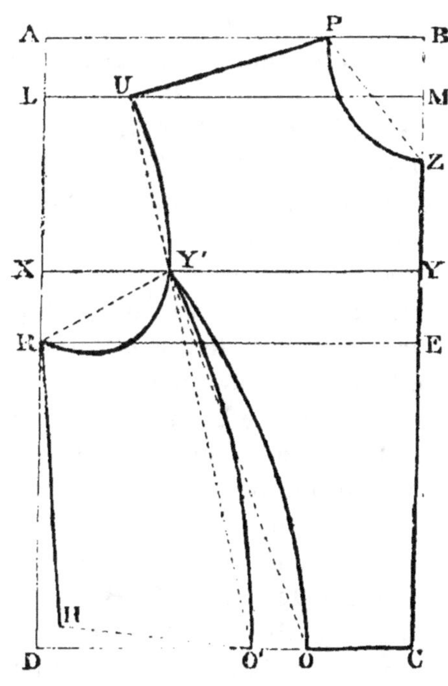

Fig. 17 (au 1/5).
Devant de la robe attachée par derrière.

Ligne R E. — Du point A, sur la ligne A D, porter la moitié de la longueur de cette ligne, placer la lettre R. De ce point tracer la ligne R E, parallèle à A B.

Ligne X Y. — Du point R, vers A, porter le seizième du tour de poitrine, placer la lettre X. De ce point tracer la ligne XY, parallèle à A B.

Ligne L M. — Du point A, vers D, porter le seizième du tour de poitrine moins un centimètre, placer la lettre L. De ce point, tracer la ligne L M, parallèle à A B.

CONTOURS DU TRACÉ DU DEVANT

Encolure P Z. — Du point B, vers A, porter le seizième

1. Avant de tracer le rectangle du devant, consulter la note page 2.

du tour de poitrine plus un centimètre et placer la lettre P. Du point B, vers C, porter le seizième du tour de poitrine plus 2 cent. et demi et placer la lettre Z.

Réunir P, Z par une oblique ponctuée, puis par une courbe rentrée d'un cent. et demi au milieu et à gauche de l'oblique ponctuée.

Épaulette P U. — Du point P, jusqu'à la rencontre de la ligne L M, porter, vers la gauche, la longueur de l'épaulette du dos moins un demi-centimètre. Placer la lettre P. Joindre les points P, U par une oblique.

Entournure U Y' R. — Du point Y, vers X, porter le cinquième du tour de poitrine, placer la lettre Y'. Réunir les points U, Y' par une oblique ponctuée, puis par une courbe s'écartant d'un demi-centimètre sur la droite et au milieu de l'oblique ponctuée.

Réunir Y', R par une oblique ponctuée, puis par une courbe écartée de 2 centimètres au milieu et sur la droite de l'oblique ponctuée.

Dessous de bras R H. — Sur la ligne D C, en partant de D, avancer d'un centimètre, placer un point. Réunir ce point au point R par une oblique ponctuée. Du point R, sur cette oblique ponctuée, porter la longueur R H du petit côté et placer la lettre H. Renforcer la ligne R H.

Ligne de taille O' H. — Du point D, vers C, porter le cinquième du tour de taille, placer la lettre O'. Joindre les points O', H par une oblique ponctuée.

TRACÉ DE LA PINCE

Joindre les points O', Y' par une oblique ponctuée, puis par une courbe écartée d'un centimètre au milieu et à droite de l'oblique ponctuée.

Avancer le point C sur la gauche du dixième du tour de taille, placer la lettre O. Réunir Y' à O par une oblique ponctuée, puis par une courbe s'écartant d'un cent. et demi sur la droite et au milieu de l'oblique ponctuée.

MANCHE

Voir, page 22, la manche de la robe de femme, en observant les quelques changements que l'on doit faire pour les mesures au-dessous de 80 centimètres de tour de poitrine.

ASSEMBLAGE

Le corsage de la robe attachée par derrière se taille en plaçant la ligne Z C du devant sur le pli de l'étoffe.

La pince se fait sans couper le patron à l'entournure.

On taille le dos en donnant 2 centimètres de plus que le patron à la ligne AD pour la croisure du corsage.

Ce corsage s'assemble comme le corsage ordinaire. La jupe est montée comme celle du corsage rond. La fente de la jupe, qui se trouve par derrière, est dissimulée par la croisure du corsage.

TABLIER FORME PRINCESSE

Les mesures nécessaires à l'exécution du tablier dit tablier *princesse* sont les suivantes :

1° **Première longueur du dos.** — De la couture d'épaule, encolure, au milieu du dos, ceinture.

2° **Deuxième longueur du dos.** — Du milieu du dos, ceinture, au bas de la jupe, 5 centimètres au-dessus du bord inférieur.

3° **Largeur du dos.** — De la couture d'épaule, entournure droite, à la couture d'épaule, entournure gauche.

4° **Première longueur du devant.** — De la couture d'épaule, encolure, au milieu du devant, ceinture.

5° **Deuxième longueur du devant.** — Du milieu du devant, ceinture, au bas de la jupe, 5 centimètres au-dessus du bord inférieur.

6° **Tour de poitrine.** — On passe le mètre sous les bras et on le réunit devant sans serrer.

NOTA. — Le dos du tablier se fait d'une seule pièce, en réunissant la première et la deuxième longueur. Même observation pour le devant du tablier. La deuxième longueur du dos et la deuxième longueur du devant sont facultatives. On peut faire le tablier aussi long que la robe lorsqu'on veut qu'il la garantisse complètement.

Calculer les divisions suivantes du tour de poitrine :

$$\frac{1}{2}; \frac{1}{8}; \frac{1}{16}.$$

DOS DU TABLIER

LIGNES DE CONSTRUCTION

Rectangle A B C D. — Tracer un rectangle A B C D ayant pour longueur la première longueur du dos et pour largeur la demi-largeur du dos plus le huitième du tour de poitrine.

Ligne E R. — Du point A, sur la ligne A D, porter la moitié de la longueur de cette ligne plus un centimètre, placer la lettre E. Tracer la ligne E R, parallèle à A B.

Ligne L M. — Du point A, vers D, porter le seizième du tour de poitrine plus un centimètre, placer la lettre L. De ce point tracer la ligne L M, parallèle à A B.

CONTOURS DU TRACÉ DU DOS

Encolure A P. — Du point A, vers D, compter un cent. et demi, placer la lettre A'. Du point A, vers B, porter le sei-

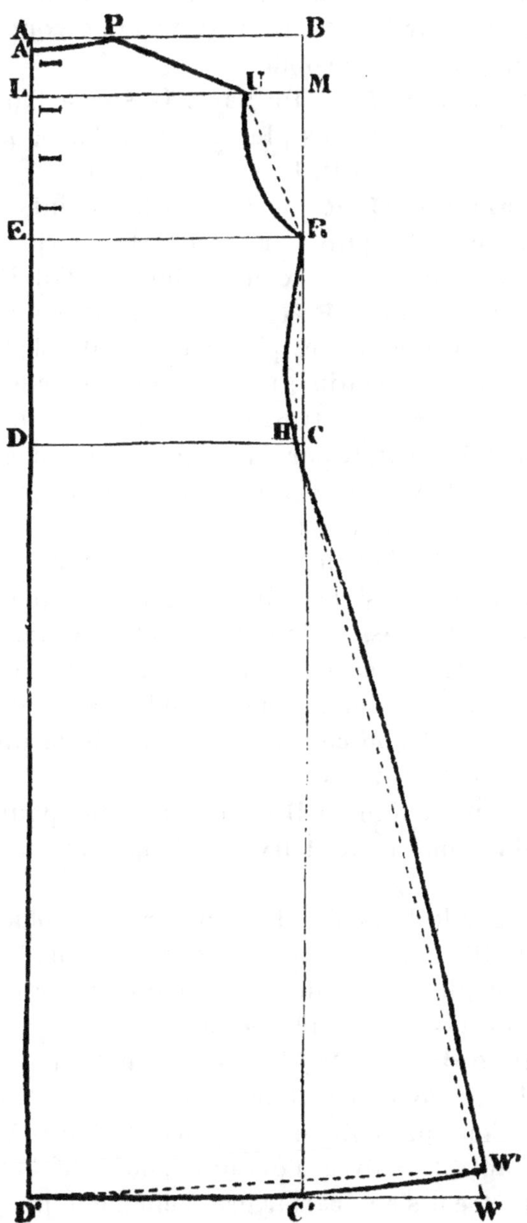

Fig. 18 (au 1/8). — Dos du tablier.

zième du tour de poitrine plus 3 centimètres; placer un point. Abaisser ce point d'un demi-centimètre et placer la lettre P. Réunir les points A' P, par une courbe légèrement concave, presque une oblique.

Épaulette P U. — Du point L, sur la ligne L M, porter la demi-largeur du dos plus 4 centimètres, placer la lettre U. Réunir les points P, U par une oblique.

Entournure U R. — Réunir les points U, R par une oblique ponctuée, puis par une courbe écartée de 2 centimètres sur la gauche et aux deux tiers de l'oblique ponctuée.

Dessous de bras R H. — Avancer le point C d'un centimètre sur la ligne CD et placer un point. Élever ce point de 2 centimètres (1 centimètre seulement pour les mesures au-dessous de 75 centimètres de tour de poitrine) et placer la lettre H. Réunir R, H par une oblique ponctuée, puis par une courbe écartée d'un demi-centimètre sur la gauche et au milieu de l'oblique ponctuée.

Ici se termine le tracé de la partie supérieure du tablier (patron du dos). Si les dimensions du papier à patrons le permettent, on dessine le demi-dos tout entier sur la même feuille de papier, ce demi-dos devant être fait d'une seule pièce; sinon, on épingle une seconde feuille de papier sous la première, et l'on continue le tracé de la jupe du tablier de la manière suivante :

Prolonger la ligne A D en lui donnant pour longueur, à partir du point D, la deuxième longueur du dos. Placer la lettre D'.

Prolonger la ligne B C de même façon et placer la lettre C'.

Réunir D' et C' par une horizontale. Prolonger cette horizontale des deux tiers de sa longueur plus un centimètre en partant du point C' et placer la lettre W.

Couture de côté H W'. — Réunir les points H et W par une oblique ponctuée. Remonter le point W de 3 centimètres sur l'oblique ponctuée et placer la lettre W'.

Du point H, suivre l'oblique ponctuée l'espace de 2 à 3 centimètres, s'en écarter graduellement jusqu'à un centimètre à droite et au tiers de sa longueur. Fondre cette courbe avec une oblique suivant parallèlement l'oblique ponctuée à la distance d'un centimètre, et s'écartant d'un centimètre sur la droite du point W'.

Bord inférieur D'W'. — Réunir les points D', W' par une oblique ponctuée, puis par une courbe écartée de un cent. et demi au milieu et au-dessous de l'oblique ponctuée.

DEVANT DU TABLIER

LIGNES DE CONSTRUCTION

Rectangle A B C D. — Tracer un rectangle A B C D ayant pour longueur la première longueur du devant et pour largeur le demi-tour de poitrine diminué de la demi-largeur du dos.

Ligne R E. — Du point A, sur la ligne A D, porter la moitié de la longueur de cette ligne plus un centimètre, placer la lettre R. De ce point tracer la ligne R E, parallèle à AB.

Ligne L M. — Du point A, vers D, porter le seizième du tour de poitrine moins un centimètre, placer la lettre L. De ce point tracer la ligne L M, parallèle à A B.

Ligne X Y. — Du point R, vers A, porter le seizième du tour de poitrine, placer la lettre X. De ce point tracer la ligne XY, parallèle à A B.

CONTOURS DU TRACÉ DU DEVANT

Encolure P Z. — Du point B, vers A, porter le seizième du tour de poitrine plus un centimètre, placer la lettre P. Du point B, vers C, porter le seizième du tour de poitrine plus 2 centimètres et placer la lettre Z. Réunir P, Z par une oblique ponctuée, puis par une courbe écartée de un cent. et demi sur la gauche et au milieu de l'oblique ponctuée.

Épaulette P U. — Du point P, jusqu'à la rencontre de la ligne L M, porter, vers la gauche, la longueur de l'épaulette du dos, placer la lettre U. Réunir les points P, U par une oblique.

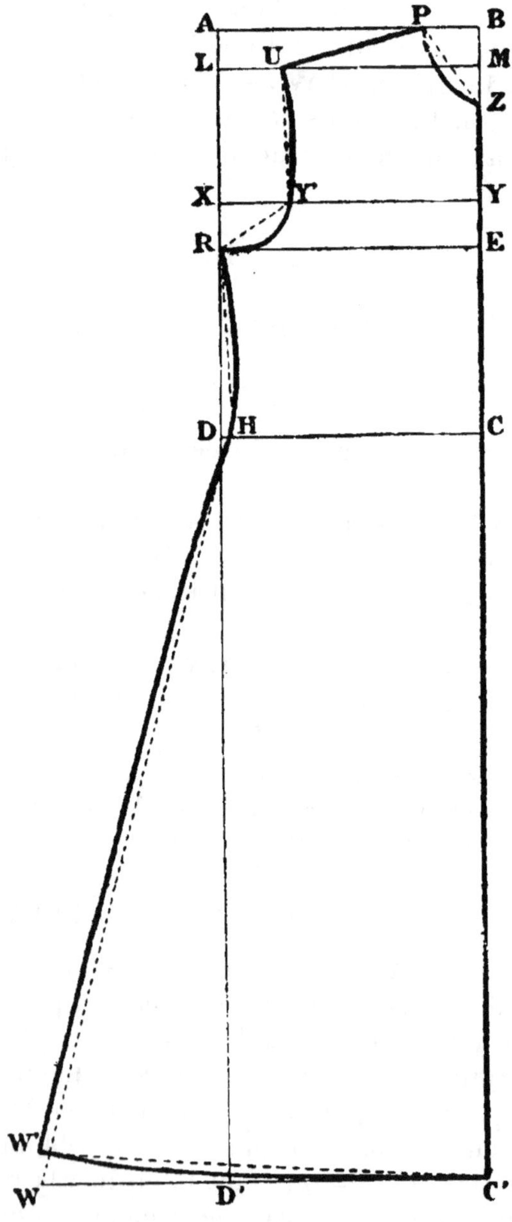

Fig. 19 (au 1/8). — Devant du tablier.

Entournure U Y' R. — Du point Y, vers X, porter le cinquième du tour de poitrine plus un centimètre, placer la lettre Y'.

Réunir les points U, Y' par une oblique ponctuée, puis par une courbe s'écartant de 7 milimètres sur la droite et au milieu de l'oblique ponctuée.

Réunir les points Y',R par une oblique ponctuée, puis par une courbe s'écartant d'environ 2 cent. 1/2 au milieu et à droite de l'oblique ponctuée.

Dessous de bras R H. — Du point D, vers C, avancer d'un centimètre, placer un point; réunir ce point au point R par une oblique ponctuée.

Du point R, sur cette oblique ponctuée, porter la longueur R H du dos. Placer la lettre H.

Réunir R, H par une courbe s'écartant d'un demi-centimètre sur la droite et au milieu de l'oblique ponctuée.

Couture de côté H W'. — Prolonger la ligne A D en lui donnant pour longueur, à partir du point D, la deuxième longueur du devant. Placer la lettre D'. Prolonger la ligne B C de la même façon, et placer la lettre C'.

Réunir les points D' et C' par une ligne horizontale. Prolonger cette ligne des deux tiers de sa longueur plus un centimètre, en partant du point D', et placer la lettre W.

Réunir le point H au point W par une oblique ponctuée. Remonter le point W de 3 centimètres sur l'oblique ponctuée; placer la lettre W'.

Du point H, suivre l'oblique ponctuée l'espace de 2 à 3 centimètres, s'en écarter graduellement jusqu'à un centimètre à gauche et au tiers de sa longueur. Fondre cette courbe avec une oblique suivant parallèlement l'oblique ponctuée à la distance d'un centimètre et s'écartant d'un centimètre sur la gauche du point W'.

Bord inférieur W' C'. — Réunir les points W', C' par une oblique ponctuée, puis par une courbe s'écartant de un cent. et demi au milieu et au-dessous de l'oblique ponctuée.

Les tabliers décolletés étant préférables, surtout en été, nous donnons un moyen de tracer la décolleture carrée.

(L'encolure montante et la décolleture carrée sont indiquées toutes deux dans les figures 18 et 19.)

MANCHE DU TABLIER

La manche du tablier se trace comme celle du corsage, avec cette différence que l'on donne pour largeur au rectangle le quart du tour de poitrine, au lieu du cinquième.

COUPE ET ASSEMBLAGE DU TABLIER

Les diverses pièces du tablier, comme celles du corsage, se taillent sur l'étoffe double. On place la ligne Z C' du devant sur le pli de l'étoffe, la ligne A'D' du dos le long de la lisière, en laissant 4 centimètres pour les ourlets.

On laisse 2 centimètres pour les coutures des épaules et pour celles des dessous de bras.

En taillant la manche on doit laisser 3 centimètres en plus pour les coutures et 6 centimètres au bord inférieur, qu'on termine par un poignet boutonné avec un ou deux boutons à volonté.

On assemble le tablier dos et devant, en réunissant les lettres U, U (entournure), R, R (dessous de bras). On égalise au moyen des ciseaux, si cela est nécessaire, l'encolure et le bord inférieur du tablier.

On place ordinairement par-dessus le tablier une ceinture en même étoffe taillée dans le sens de la lisière et double. Cette ceinture, large d'environ 5 centimètres, se fixe à la taille sur les coutures des dessous de bras et s'attache par derrière au moyen d'un bouton et d'une boutonnière.

Coulommiers. — Imp. Paul BRODARD

MESURES

PRISES POUR L'EXÉCUTION DES PATRONS CI-CONTRE :

Longueur du dos :	38.
Largeur du dos :	32.
Longueur du devant :	42.
Tour de poitrine :	92.
Tour de taille :	60.
Tour des hanches :	108.
Longueur du bas { 1re :	33.
2e :	55.

DIVISIONS :

1° Tour de poitrine : $\frac{92}{2} = 46$; $\frac{92}{5} = 18,4$; $\frac{92}{16} = 5,7$.

2° Tour de taille : $\frac{60}{5} = 12$.

3° Tour des hanches : $\frac{108}{2} = 54$; $\frac{54}{6} = 9$.

Nous accompagnons ces dessins de légendes qui servent à les expliquer. Nous croyons qu'on apprendra plus facilement la méthode en procédant ainsi pour l'exécution des premiers patrons. Lorsqu'on saura par cœur le tracé du corsage on abandonnera ce mode de procéder.

ENSEMBLE DU DEMI-CORSAGE ET MANCHE ORDINAIRE

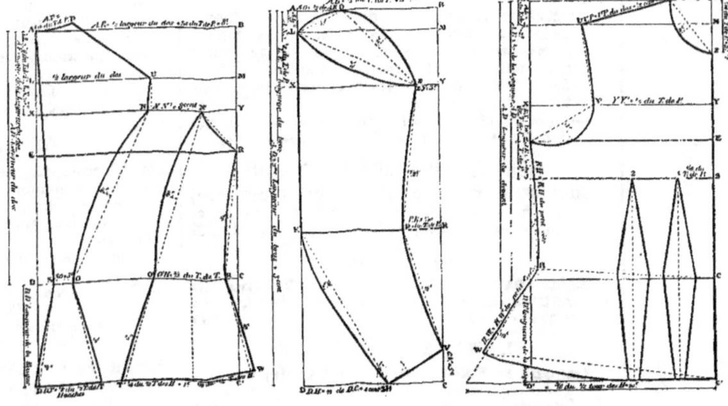

A LA MÊME LIBRAIRIE

ENCYCLOPÉDIE DES ÉCOLES

LECTURE

Méthode de Lecture et de Prononciation, par MICHEL. In-12, broché........ » 20
— *Livre du Maître.* In-12 broché........ » 90

Premiers exercices de Lecture courante et de Prononciation, par le MÊME. In-12, cartonné........ » 40

Seconds exercices. In-12 cartonné.. » 80
(Pour les *Tableaux* voir le Catalogue.)

Livret de Lecture par SAUVAGEOT et SÉGUIN. In-8°, cart........ » 55
— 17 *Tableaux*, en feuilles........ 2 50

LECTURE COURANTE

Premières Lectures des Petits Enfants, suivies d'exercices d'après la méthode Frœbel, par E. DUPUIS. In-12, avec nombreuses vignettes, cartonné........ » 65

Premières Leçons de Choses usuelles, à l'usage des enfants de 7 à 9 ans, par E. DUPUIS. In-12 avec 115 figures explicatives, cart. » 80

Lectures courantes des Écoliers français (la famille — la maison : *habitation, alimentation, vêtement*, — le village, notre pays, notre département), par CAUMONT
—*Livre de l'Élève*, avec lexique, exercices, vignettes. In-12, cartonné........ 1 50
—*Livre du Maître.* In-12, cartonné...... 2 50
(Édition spéciale pour chaque département).

MORALE, INSTRUCTION CIVIQUE

Éducation morale et instruction civique, par A. MÉZIÈRES, de l'Académie française. In-12 avec vignettes, cart........ 1 25

DROIT USUEL

Éléments de droit usuel et d'Économie politique, par LOUIS DE LAMY. In-12, avec vignettes, cart........ 1 50

LANGUE FRANÇAISE

Leçons et Exercices préparatoires de langue française et de grammaire, par J. WIRTH, inspecteur primaire à Lyon. In-12 cart » 75
— *Livre du Maître.* In-12, cartonné..... 1 25

Leçons et Exercices élémentaires de langue française et de grammaire, par le MÊME. In-12 cartonné........ » 80
—*Livre du Maître.* In-12 cartonné....... » »

Cours de Langue française, par MORLET et RICHARDOT, agrégés de l'Université.
— *Cours préparatoire.* In-12, vign., cart.. » 60
— *Cours élémentaire.* In-12, vignettes, cartonné........ » 75
— *Livre du Maître.* In-12, cartonné.... 1 25
— *Cours moyen.* In-12 cartonné........ 1 25
— *Livre du Maître.* In-12. cartonné..... 2 50
— *Cours supérieur* In-12, cartonné...... 1 50
— *Livre du Maître.* In-12, cartonné..... 3 50

Livret d'Orthographe, par SAUVAGEOT et SÉGUIN. In-12, cart........ » 70

HISTOIRE

Histoire de France, par A. MAGIN et L. GRÉGOIRE. — Édition entièrement refondue par CH. NORMAND, professeur au lycée de Vanves.
— *Cours élémentaire.* In-12, cartonné... » 60
— *Cours moyen.* In-12, cartonné........ » »
— *Cours supérieur.* In-12, cartonné..... 1 60

Histoire de France, par G. HUBAULT.
— *Petit Cours.* In-12, avec vignet., cart.. » 85
— *Cours moyen.* In-12 (15 cartes dans le texte et 2 hors texte), cartonné........ 1 50
— *Cours supérieur.* In-12, cartonné...... 2 50

Histoire de France, sommaires et récits exercices oraux et écrits, vignettes, cartes par LOUIS CONS.
— *Cours élémentaire.* In-12, cart........ » 80
— *Cours moyen.* In-12, cart........ 1 20
— *Cours supérieur.* In-12, cartonné..... 1 80

GÉOGRAPHIE

Le premier livre de Géographie, par NIOX et BRAEUNIG, renfermant 16 cartes coloriées, nombreuses vignettes. In 8° écu, cart. » 90

Le deuxième livre de Géographie, par E. LEVASSEUR et G. NIOX. In-4°, cart.... 1 50

Atlas scolaire, Cours complet de Géographie, cours élémentaire, moyen et supérieur par E. LEVASSEUR, membre de l'Institut.
— *Livre de l'Élève*, 47 cartes, 54 illustrations, avec questionnaires, résumés, etc. In-4°, cart........ 2 90
— *Livre du Maître.* In-4° cart........ 5 »
(Édition spéciale pour chaque département.)

ARITHMÉTIQUE

L'arithmétique des écoles primaires avec un grand nombre de problèmes à résoudre, des notions de géométrie pratique et de dessin linéaire, par G. BOVIER-LAPIERRE et CH. FLEURIOT.
— *Degré élémentaire.* élève. In-12, c..... » 90
— — Maître, In-12. c..... 1 50
— *Degré moyen.* Élève, in-12, cart..... 1 25
— — Maître, in-12, cart..... 2 »
— *Degré supérieur.* Élève, in-12, c..... 1 50
— — Maître, in-12, c.... 2 50

Premiers éléments de Géométrie expérimentale, appliqués à la mesure des longueurs, des surfaces et des volumes, par Paul BERT. in-12, cart........ » 80

SCIENCES

Éléments usuels des sciences physiques et naturelles, par J.-H. FABRE. *Cours moyen* In-12, fig., cart........ 1 25
— *Cours supérieur.* In-12, fig.. cart.... 1 50

CHANT

Chants de l'École. *Recueil de Chants anciens et modernes* à une, deux et trois voix, paroles de A. LINDEN, musique de MOUZIN, professeur au Conservatoire national de Paris.
Première partie. In-12, broché........ » 75
Deuxième partie. In-12, broché........ » 75
Troisième partie. In-12, broché........ » 75

ÉCRITURE

Méthode d'Écriture, par F. DESNOYERS, dix cahiers in-4°. Le cent........ 8 »

DESSIN

Cours de Dessin, par CLAUDE SAUVAGEOT, douze cahiers. Chacun 0 15. La collection. 1 80

IMP. NOIZETTE.

www.ingramcontent.com/pod-product-compliance
Lightning Source LLC
LaVergne TN
LVHW011954160826
845678LV00002B/534

* 9 7 8 2 3 2 9 6 7 9 2 9 7 *